# 学級経営
# 10の原理
# 100の原則

## 困難な毎日を乗り切る
## 110のメソッド

堀 裕嗣 著

# まえがき

## 失敗が許されなくなった

かつて新卒教師は失敗を重ねながら力量を高めていきました。同僚も保護者も、新卒教師を温かく見守ってくれました。学級ＰＴＡの役員も新卒さんのクラスはすぐに決まる、そういうことがよく見られました。そして生徒たちも若く元気なお兄さん先生やお姉さん先生を大好きでいてくれました。それが当たり前でした。

そんなに昔のことではありません。私が教師になったのは一九九一年のことですが、二十年前にはまだそういう雰囲気がありました。私もまた新卒時代、同僚にも保護者にも「堀くん、堀くん」と可愛がってもらった一人なのです。学年主任には飲みに連れ出され、保護者との呑み会も年に何度も行われ、家庭訪問に行くと寿司や焼き肉でもてなそうとする家庭があったものです。それがいつの頃からか変わってきました。同僚は自らの仕事をこなすのに精一杯。忙しそうで、なかなか仕事について尋ねることができません。学校に親近感を抱いてくれる、協力的な保護者がまだまだたくさんいるというのに、学校はそういう人を基準にするのではなく、クレームをつけてくる一部の保護者にいかにクレームをつけさせないかという基準で動くようになりました。「学級崩壊」「指導力不足教員」「不適格教員」という言葉もマスコミを闊歩しました。そんな時代のなか、保護者はもちろん、生徒たちも、お兄さん先生やお姉さん先生を「頼りない」と評価するようになっていきました。

この時代を一言でいうなら、「失敗が許されなくなった時代」といえるでしょう。ミスを犯すと同僚から迷惑がられる、上司に呼び出されて注意を受ける、保護者からクレームを受ける、生徒たちにあきれられる、そういう雰囲気が学校を包み込むようになったのです。

## 成功し続ける者だけが賞賛される

周りは「新卒さんだから……」と優しい目で見てくれなくなりました。

しかし、この状況にさらされているのは新卒教師ばかりではありません。

「あれで教師か。まったくあきれてしまう……」

「なんだあの先生はベテランのくせに……」

「あんなのが校長やってんの？　学校が荒れるはずだ……」

どの世代、どの地位にある者も、優しい目、尊敬のまなざしなど向けてはもらえない時代になったのです。

普通に親近感をもってもらえる、普通に先生としての尊厳を維持できる、それは成功し続ける者だけです。いいえ、成功し続ける者は賞賛も得られるようになりました。教員評価制度による給与格差によって、少しだけとはいえ収入が増えます。生徒も保護者も「あの先生はいい先生らしい」という噂が地域に広がり、学級開きのスタートからやりやすい雰囲気が出来上がっています。教師にもイメージ戦略が必要となる時代になったのでは、と感じてしまうほどです。しかし、成功し続けられる教師など、ごくごくわずか。

ほんのひと握りのスーパー教師だけです。だからこそ教員評価制度の給与格差も成り立つわけですから。

一方、勤務している学校でひとたびマイナスイメージがついてしまうと、少しくらいの成長、少しくらいの成功では、そのイメージをなかなか払拭できない、そういう傾向も見られます。まったく難しい時代になったものです。

## 学級をマネジメントするためのシステムを構築する

ちまたには、成功を目指した「こうすれば……できる」とか「できる教師の……」とかいう指南書があふれています。確かにその著者はもともと「できる人」ですから、そうした手法でやることによってうまくいくのでしょう。それを参考にすることは決して無益ではありません。

しかし、いまの時代、何より必要なことは「成功すること」ではなく、「失敗しないこと」なのです。学級経営でいえば、まず必要なのはすごくいい学級をつくることではなく、まずまず大過なくやることができる、そういう能力です。

非凡な教師は、平凡なことを徹底し、その上で非凡なことに取り組んでいるのです。平凡なこと、つまりやらなければならない当たり前のことをしないままに、非凡なこと、つまりやらなくてもいいのだがやったほうがいいことに取り組むのはナンセンスです。いいえ、ときに害悪にさえなります。「あの先生は特殊なことをやっている……」になりかねません。

新卒であろうと中堅であろうとベテランであろうと、まずしなければならないのは「失敗しない学級経営システム」を構築することです。それに成功を目指す、学級経営の潤いを目指すような取り組みが加われればなお良い、そういうものなのです。

若手教師はまずこうしたシステムを学ぶべきです。

安定的な学級経営システムをもっていない中堅教師も、いまそれなりに失敗しないで済んでいるのは、あなたがまだ若いからです。もう少しして、生徒との心理的距離が離れてくると学級経営が立ち行かなくなっていきます。いまのうちに失敗しないためのシステムがどうつくられているのかを学ぶべきなのです。

かつての栄光にすがりながら安定的な学級経営システムを敷かずに、学級経営に失敗してしまい、教師としての限界を感じているベテラン教師がいっぱいいます。やめようか……なんて考えている方も少なからずいらっしゃいます。しかし、実は、まだまだ限界などではありません。学級経営を安定させるのは教師の個人的な資質やキャラクターなどではなく、安定させるためのシステムなのだということを理解し、それを学べばいいのです。

つまり、どの世代にとっても必要なのが、学級をマネジメントするためのシステムなのです。個人的な資質や個人的なキャラクターによる潤いは、その安定した学級経営システムの上に、学級経営において更に上を目指す、更に豊かな学級経営を目指すためのスキルなのです。これを勘違いしてはいけません。

まずは「成功すること」よりも「失敗しないこと」を目指す。まずは安定を目指す。それも全力で目指す。こんな時代だからこそ、それが求められているのです。

## 「成功すること」よりもまず「失敗しないこと」を目指す

本書は、まず第1章として、「学級をマネジメントする10の原理」を挙げました。学級経営に関するすべての取り組みにおいて、教師が意識しなければならない原理を10に整理し、主に学級開きを例に紹介しました。この10原理を身につけるだけで、学級経営上で起こっているトラブルの多くが解決されるであろう大切な大切な基本原理です。しかし、この10原理は意外に中堅・ベテラン教師でも身につけていないのが現実です。教職に就く以上は、なんとしても身につけなければならない原理ですし、その気になって取り組めば割と簡単に身につく原理でもあります。

第2章では、学級経営を「学級組織づくり」「席替え」「給食指導」「清掃指導」「ショート・ホームルーム」「リーダー育成」「学力の向上」「家庭訪問」「通知表所見」「職員室の人間関係」という具体的な10の要素に分け、それぞれに10の原則、あわせて100の原則を紹介しました。

どれも学級経営を安定させるための基礎的にして基本的な原理・原則にしぼり、行事指導や生徒指導など場合分けに応じた臨機応変な対応が求められるものではなく、学級担任として四月に生徒の前に立つために、或いは保護者とかかわっていくために準備しておくべき事柄を中心に構成しています。

本書が、右も左もわからないと不安に感じている新卒教師に、若さで乗り切ることに限界を感じ始めている中堅教師に、生徒がわからなくなったと嘆いているベテラン教師に、少しでも役立つなら、それは望外の幸せです。

**学級経営10の原理100の原則**

困難な毎日を乗り切る110のメソッド

Contents

## 第2章　学級をマネジメントする100の原則

## コラム

第1章

# 学級をマネジメントする 10の原理

学級をマネジメントする
10の原理

# 1 一時一事の原理

提出物はどう集める？
指示は一度に一つだけ。
生徒を不安にさせず
全員に指示を徹底する原理

入学式を終えての学活の時間、目の前にはホッとした表情の新入生がいます。

言われたとおりにできるのだろうかと不安に感じながら臨んだ入学式。学級担任のあなたもとりあえず第一段階をクリアしたなと、新入生同様、ホッとしているところです。

この学活、時間はそう長くはありません。15分とか、20分とか、長くても30分くらいでしょう。なのに配付しなければならないプリントは十数枚。しかも、これは明日提出、これは明後日提出、これとこれは来週の月曜日までに提出と、提出日がまちまちです。

みなさんなら、この学活でプリントを配るとき、どのように配付するでしょうか。

私ならこんなふうに配付します。

「はい、それでは、これからプリントを配ります。たくさんありますから、一枚一枚、確認しながら配っていきます。机の上は赤ペンとマーキングペン。マーキングペンというのは赤ペン以

外の印をつけるペンです。蛍光ペンがあれば蛍光ペンがいいですね。それ以外はすべて鞄にしまって下さい。」（全員が二本のペン以外を鞄にしまったことを確認する）

「では、一枚目です。」（一列ずつ配付していく）

「このプリントは家庭環境調査というプリントです。提出は明日です。プリントの右上に、赤で、『4月8日提出』と書いて下さい。」（「提出」という文字は板書して教える）

「はい、では、隣の人が書けているかどうか確認し合って下さい。隣の人が言われたとおりに書けていない場合には、どのように書けばいいか教えてあげて下さい。」

「では、マーキングペンを持って下さい。」（全員がマーキングペンを持ったことを確認する）

「真ん中よりもちょっと下の方に『担任が家庭訪問のために使いますので、地図はわかりやすく記入して下さい』とあります。見つけましたか。」

「では、その文をマーキングペンで印をつけて下さい。（全体の動きを確認して）隣の人がマークしているかどうか確認して下さい。言われたとおりにマークしていない場合は……。」と続けます。

新入生は中学校とはどんなところなのだろうか、こわくはないだろうか、自分はついていけるのだろうかと、不安に感じながら入学式当日を迎えます。その入学式が終わり、不安は「明日の準備を忘れずにできるだろうか」ということに移っています。そんなとき、このくらい丁寧に細かく指示しながら、明日しなければならないことを伝えてもらえることによって、新入生の不安は確実に和らいでいきます。これならば、すべてを自分で覚えなくても、保護者にプリントを渡すだけで保護者に伝わる……そういう思いが安心感を生むのです。

さて、この際、指示に用いているのが「**一時一事の原理**」です。一度に一つのことしか指示しない、次の指示は全員が一つ目に指示されたことをやり終えたことを確認したあとに提示する、そういう指示の原理です。向山洋一先生が提唱し、「教育技術の法則化運動」によって全国に普及しました。

　この「一時一事の原理」という指示の在り方は、小学校のみならず、中学校でも大切にしなければならない指導言の技術の筆頭です。生徒たちの信頼を得るためにも、学級経営をスムーズに進展させていくためにも必須の教育技術といえます。

　授業で作業指示を与えたり、行事で全員を動かす場合など応用範囲も広く、むしろ生徒の人数が多くなれば多くなるほどその効力を発揮する原理ということができます。中学校の学級担任として、あるいは教師として、まずはじめに身につけなければならないのがこの「一時一事の原理」なのだと言っても過言ではないでしょう。

column

## 授業の腕をあげる法則

　かつて「教育技術の法則化運動」という“戦後最大の教育運動”と呼ばれたムーヴメントがありました。向山洋一先生を中心とする現「ＴＯＳＳ」の前身です。この運動から生まれた「授業の腕をあげる法則」（明治図書）という、かつて教師のバイブルと呼ばれた名著があります。特に、授業の原則十箇条は、これがすべての教師の常識になれば、学校教育は革命的に向上するだろうと思えるものです。「一時一事」はこの十箇条の第二条にあたります。いまなお、教師の必読書として色褪せない名著といえます。未読の方はぜひ。

# 2 全体指導の原理

給食・清掃のポイントは？
大事なことは全員に。
大事なことは確実に。
学級のルールをつくる原理

新しい学級をもちます。すると、給食当番と掃除当番、そして日直、この三つは年度当初に指導しなければならない必須の指導事項となります。みなさんはこれらをどのように指導しているでしょうか。

新年度、何はともあれ日直の仕事を確認しなければなりません。朝学活前・帰り学活前にプリントを持ってきたり、朝学活や帰り学活の司会をしたり、授業のあとに黒板を消したり、こうした小さいけれど大切な仕事をするのが日直だからです。

この日直の仕事内容の確認を、みなさんはプリントを読み上げるだけで指導してはいないでしょうか。そして、できてあたりまえ、できなければやり直し、などと厳しすぎる指導をしていないでしょうか。そもそも年度当初に日直にあたった生徒たちがちゃんと仕事ができないということに、学級担任であるあなたの責任はないでしょうか。

「日直は朝学活前、帰り学活前に職員室に行ってプリントを取ってきます。職員室の入り口をはいるとすぐ右側に学級棚がありますから、その○年○組のところに入っているプリントをすべて持ってきて下さい。」

こんな説明をしていませんか。

もちろん、この説明で八割の生徒は理解できるでしょうし、六割の生徒は指示されたとおりに行動できるでしょう。しかし、こういう当番制の仕事内容は八割や六割ではなく、十割の生徒に理解してもらい行動してもらわなくてはならない仕事です。とすれば、十割の生徒、つまり学級の生徒たち全員が不安なく取り組めるように説明してあげるのが学級担任としての責任とはいえないでしょうか。

生徒たちは「職員室の入り口をはいるとすぐ右側に学級棚があ」るということをわかっているのでしょうか。二、三年生ならば特に詳しい説明がなくてもわかるかもしれません。しかし、一年生はこの時期、ほとんどの生徒が職員室に行ったことさえないはずです。そうした状況の中で、この説明は少し乱暴だと言わざるを得ません。

ではどうすればいいのでしょうか。

それは実は簡単なことです。労を惜しまず、生徒たち全員を職員室に連れて行き、自分の学級の学級棚を確認すればよいのです。

こうしたことは靴箱の確認や各特別教室の確認ならば、どの学級でも行われているはずです。しかし、日直がプリントを取りに行く学級棚、黒板消しクリーナーの場所やその使い方、チョークが切れたときに補充するためのチョークのある場所、こうした小さいけれども日常の学校生活を送るうえでは必須の事柄について、なかなか具体的な確認がなされていないのが現実です。

だれもが知っていなければならないことは、常に全員に指導する。それも今日は今日の日直にだけ指導し、明日は明日の日直に指導すれば良いというような時間差をつくらない。最初に全員を連れて行って指導する。これを「**全体指導の原理**」といいます。

同じことが給食当番や掃除当番にもいえます。最初に給食当番の指導をするとき、一班に配膳の仕方を教えながらも、他の生徒たちが周りを囲んで見ている、そういう状態で指導を行う。そしてできればそれを、年度当初に班当番が一回りするまで一週間続ける。こうすれば、学級の生徒たち全員が、メニューがご飯のとき、パンのとき、麺類のときのそれぞれを確認することができます。

掃除当番も同じです。ほうきの係は教室の前方、両側の角から力を入れて回転箒をかけ始めるとか、水ぶきの係はまず掃除用具箱の上にあるバケツに半分くらい水をくんできて教室右前方の床に置くとか、モップの係はまず教室の窓をすべて開けて、回転箒をかけた箇所からモップをかけていくとか、こうした細かなことを生徒たち全員に説明・確認しながら当番生徒にやらせていくのです。当番生徒がうまくできない場合には、生徒たち全員の前で何がよくないのか、どうすればよくなるのかをしっかりと説明します。

こうした取り組み方を年度当初にしっかりと確認しておくことで、その後の一年間が見違えるほど楽になります。不真面目にやっている生徒がいたとしても即座に全体の前で指導することができます。「みんな、こうやるんだったよね？」と全体に確認するだけで、学級の生徒たちみんなが同意してくれるようになります。なにせすべて全員の前で確認しているわけですから。

「全体指導の原理」はその後の学級経営にもよい影響を与えるのです。

# 3 具体作業の原理

集会の動きをどう伝える？
作業で具体的に学ばせる。
なにはともあれリハーサル
生徒に自信をもたせる原理

あなたは今年度、一年生を担任することになりました。入学式直前の学活。時間は十五分ほどしか設定されていません。あなたはこの十五分で何を指導するでしょうか。

おそらく教務からは、①出欠確認、②身だしなみの確認、③入学式に対する心構えの指導、④入学式の流れの確認、⑤入学式の整列の仕方・入退場の仕方の確認、⑥着席・起立の練習、⑦座例の練習などなど、項目だけが並んだ「あれもこれも型」の指示がなされているはずです。

しかし、たった十五分や二十分でこれらのすべてが指導できるでしょうか。

もちろん簡単に説明するだけならばできないことはありません。しかし、相手は入学式直前の新入生です。学級担任とはいっても、まだどんな子どもたちなのかまったくわかりません。中には理解の遅い子、説明だけでは理解できない子もいるかもしれません。ふだんなら理解できても、入学式を控えた緊張感の中で何を言われているのかわからない……なんていう子もいるかもしれ

ません。そんな新入生に向かって、言葉だけで、しかも簡単に説明するというのはいかがなものでしょうか。

私は中学校の教員として二十年以上のキャリアがありますが、いまなお、入学式前の短い学活で、生徒たち全員に教務から提示されているような六つも七つもある指導事項を指導しきる自信がまったくありません。

この時間、一年生担任として真っ先に考えなければならないことは何でしょうか。それはこの新入生たちに入学式で失敗させない、ということではないでしょうか。

では、入学式は彼らにとって、何が成功であり何が失敗なのでしょうか。

中学校の入学式は人生にたった一度の出来事で

す。両親が揃って参加し、中には祖父母まで参加する場合も少なくありません。両親や祖父母から見て、入学式で我が子が最も光って見えるのはどの場面でしょうか。

そうです。それは入退場なのです。新入生代表としてスピーチする生徒ならいざ知らず、多くの生徒にとって入学式での一番の関心事は家族に格好いい入退場を見せられるかどうかです。とすれば、入学式の優先順位の第一は格好いい入退場、言い換えるならば胸を張っての堂々とした入退場なのではないでしょうか。

私はこの学活の時間、廊下に全員を入学式の入退場どおりに並ばせて、歩く練習をすることにしています。担任が歩くスピードに合わせて、胸を張って堂々と歩く練習です。

「いいかい？　先生はこのスピードで歩くからね。みんなもこのスピードで歩くんだ。胸を張って、あごを引いて、常に同じスピードで堂々と歩くんだ。」と言いながら、廊下をゆうに百メートルくらいは歩きます。そして先頭の子には、「いいかい？　先生から一・五メートルの間隔できみたちがついてくるのが一番格好よく見えるんだ。この間隔を縮めてもいけないし、広げてもいけないんだよ。」などと指導します。同様に椅子への座り方、退場の仕方も指導していくことになります。

これだけでもう十二、三分は使ってしまいます。

残り時間を使って、「校長先生とかＰＴＡ会長さんとか偉い人が挨拶するときに礼をする場面があるけれど、それは周りの人の真似をしていればなんとなくできてしまうから心配するんじゃない。たとえ一人だけ多少遅れたとしても別に目立たないから気にしなくていい。」と言って笑いかけます。こういう言葉に生徒たちは安心して微笑みを返します。

もちろん、入学式後に「しっかりできていたね」と誉めてあげることも忘れてはいけません。

ここでの指導のポイントは、決して言葉だけではなく、具体的に本番どおりにやってみる、ということです。これを「**具体作業の原理**」といいます。

column

## 誉めてやらねば人は動かじ

山本五十六が折りに触れて語ったとされることばに「やって見せ、言って聞かせて、させてみて、誉めてやらねば、人は動かじ」という名言があります。上司としての指南書の多くに引用されるこの構えは、大人相手のリーダーのことばとして捉えられていますが、日々子どもたちを指導する立場にある私たちにとってはなおさら必要な心構えとして意識される必要があります。どんな細かい指導であっても、一つひとつの指導には四つの段階が必要である。こう意識するだけで、教師の指導言も変わろうというものです。

学級をマネジメントする
10の原理

# 4 定着確認の原理

## テストの受け方は？当番のやり方は？必ず定着度を確認する。一人も置いていかない原理

テスト監督に行ったとき、ちょっとだけイラッときたことはないでしょうか。

例えば、一番後ろの生徒が自分の列の答案用紙を集めてくる。集めてきたものを教卓の上にただ置いていく。すべての列がそうなので、列ごとの答案用紙を出席番号にあわせて並べ直すのが自分の仕事になってしまう。

あるいは、生徒たちが答案用紙を集めてくる。男女各々の出席番号最後の生徒が全員分を重ねて渡してくれる。名前が書いてあるかどうかを確認しようと答案用紙を順番に見てみると、ところどころに出席番号順の乱れている箇所がある。時々逆さまを向いている答案用紙もある。

この子たちは同じ向きで答案用紙を集めることもできないのか……。

もちろん激しい怒りを感じるわけではないのですが、ちょっとだけイラッとくる。担任はどういう指導をしているのか、そんなふうに感じてしまう……みなさんも経験がありませんか？

いえいえ、逆に考えてみましょう。果たしてあなたの学級は大丈夫でしょうか。同僚の先生方はあなたの学級の答案用紙の集め方に、ちょっとだけイラッときてはいないでしょうか。

小さなことのようですが、礼儀として指導したいことのひとつではあります。

これは次のように指導すれば、ほぼ完璧にできるようになります。しかも、一度できるようになれば、１年間、まず崩れるということがありません。

やり方はそれほど難しくはありません。「具体作業の原理」を使えばいいのです。

テスト前日の帰りの学活。生徒たちに配付するプリントが一枚くらいはあるはずです。何かの連絡プリントで構いません。要は表裏があり、こちら向きに見るという上下が決まっているプリントでさえあればＯＫです。

まず生徒たちの座席を出席番号順に並べ直します。プリントを配付し、右上に学年・組・出席番号・氏名を書かせます。このプリントをテストと仮定して一度集めてみるのです。

一番後ろの生徒が自分の列の答案用紙を集めてくる。受け取った答案用紙は必ず上に重ねていく。その際、名前が書いてあるかどうかを確認させる。

男女それぞれの出席番号最後の生徒は各列の答案用紙の束を受け取り、出席番号順になるように重ねる。女子の出席番号最後の生徒が男子の答案用紙の束を受け取り、教師に渡す。教師は全員分の答案用紙があるかどうか、枚数を数えて確認する。

これだけの作業です。ものの二分とかかりません。できれば別のプリントを配付して、もう一度やってみるといいでしょう。まず間違いなくできるようになります。

また、実際のテストの一時間目は他の教師ではなく、学級担任が試験監督につくことにしましょう。そして生徒たちが昨日の練習どおりの作業ができているかどうかを確認するのです。私の経験ではまずもってたった一つのミスもないのが普通です。

この前日に二度目の練習をすること、そしてテスト本番の最初の試験監督に担任がついて確認すること、これが「**定着確認の原理**」です。

いくら「具体作業の原理」を用いて実際にやってみたとしても、一回きりの体験で、それが定着しないのでは何の意味もありません。「具体作業の原理」は定着させてこそ生きるのです。

具体的な作業をしっかり教えようとする担任は多くいます。しかし、定着しているかどうかまで確認しようとする担任は滅多にいません。これを打開することが必要なのです。ちょっとした心がけ次第でできることなのですから。

「定着確認の原理」はテストの集め方などという小さなことばかりでなく、給食の配膳の仕方とか、掃除の仕方とか、机・椅子の並べ方とか、そうした日常の学校生活の根幹にかかわるすべてのことに応用できる普遍的な原理といえるでしょう。

column

## 定着確認の原理は学習にも波及していく

最近の生徒たちの学習への取り組みに対して、「定着するまで繰り返し学習するという態度が見られなくなった」と指摘されています。教師が「具体作業の原理」と「定着確認の原理」を日常的に繰り返していると、実はその効果は、指導したとおりに生徒たちが確実にできるようになるばかりでなく、家庭学習の仕方にも波及していくようになります。担任が担当教科で、折りに触れて「定着確認」の必要性を語って聞かせれば、さらに効果倍増です。

# 5 具体描写の原理

自分だったらどうするか
生徒の情に訴える
目に浮かぶような話を。
教師の語りをつくる原理

学級担任として理念的なことを語らなくてはならない場合があります。「このようにすればいいのだよ」「○○はこんなふうにやるんだよ」といった作業の説明ではなく、ものの見方・考え方を伝えなくてはならない、そんな場合です。

これから2週間かけて取り組む行事の準備、その一時間目の学活。年度当初に生活や学習のガイダンスを行う学年集会。そんなときを想定すればわかりやすいかもしれません。

作業指示であれば実際にやって見せたりやらせてみたりということが可能ですが、こうした理念的な話はそういうわけにいきません。多くの場合、教師が自らの経験を語るという場合が多いようです。もちろんそれも悪くはないのですが、私はむしろ、生徒たちに「自分だったらどうするか……」と考えられるような、実際に自分がそうなったときの状況が思い浮かべられるような、そんな話し方をすることをお勧めします。

【例／なぜ、勉強しなければならないのか】

例えば、みなさんに弟がいるとします。その弟は小学校二年生。年の離れた弟で、みなさんは目の中に入れても痛くないほどに可愛がっている弟です。

ある日のことです。その弟がみんなが覚えている九九をなかなか覚えることができず、もういやになってきたというのです。そして弟はあなたに問いかけました。

「ねえお兄ちゃん、九九なんて覚えなくてもいいよね。別に勉強ができなくたって、楽しく、幸せに生きてる人はいっぱいいるもんね。」

さあ、みなさんはこの弟に対して、「そうだね。いいよいいよ九九くらい。勉強だけがすべてじゃない。」　そう言えますか？

では、どう説得しますか？　みなさんはいま、中学一年生になって、九九を覚えなければその後の小数も分数も絶対にできなくなるということを知っています。日常生活でおつりの計算をするのにも人数を数えるのにも九九が必要であることを知っています。そういう経験があります。でも、そんな説明はこの弟には通じませんよ。みなさんが経験を前提に当然のように感じている「あたりまえ」を、この弟は実感できないのですから。

なんていいますか？　将来絶対に役に立つんだから頑張りなさい。そう言いますか？　でもそれは、みなさんがいつも親や先生に言われている、一番いやな言い方なのではありませんか？

さあ、どうします？

実は、いま、親や先生方とみなさんとの間にも同じ関係があるのです。

勉強というものは、まさにその勉強をしているときには、その勉強が将来どんな風に役立つのかとか、それを学ぶことにどんな価値があるのかとか、そうしたことはわからないものなのです。その勉強の価値がわかるのは、それをしっかりと身につけた後、それが別の勉強に役に立ったとか、日常生活で実際にそれを使う機会があったとか、そういう場面に接して、初めて「ああ、あれを学んでよかった」と思うことができる、そういう性質をもつものなのです。

いま勉強していることがどんな風に役立つのか、いま勉強していることはこんなに努力してまで学ぶ価値なんてあるんだろうか、中学生になって勉強が難しくなって、ときにはそんなことを考えるかもしれません。でも、それをなんとか乗り切って、先生方を信じて、学ぶことから逃げないで欲しいのです。

指導言は説明と指示と発問からなりますが、説明であろうと指示であろうと発問であろうと、その機能度を担保するのは〈具体性〉です。特に抽象的なことを説明しなければならないときには、できるだけ目に浮かぶように、或いは追体験できるように〈描写する〉ということが大切です。〈描写型指導言〉こそが実は力をもつのです。目に浮かぶように……これが「**具体描写の原理**」のポイントなのです。

column

## Ａさせたいなら Ｂと言え

現在立命館小学校に勤務する大ベテラン岩下修先生に、『Ａさせたいなら Ｂと言え』（明治図書）という、指導言に関する古典的名著があります。指導言（多くの場合は「指示」）において、させたいことを「○○しなさい」と直接的にいうのではなく、別の言い方を考えて指示するといいよという提案です。プールで体を浮かせたいときに、「体の力を抜きなさい」ではなく、「お化けになってごらん」というような例です。これは「間接性の原理」といってとても重要な原理です。

# 6 時間指定の原理

作業に時間差をつけない
暇な時間をつくらせない
生徒を遊ばせない
作業進度を一致させる原理

例えば、班ごとに班ポスターをつくらせる。

例えば、総合で職業体験の計画を立てさせる。

こんなとき、ある班はリーダーを中心にすぐにできてしまう、ある班は粗雑に仕上げてしまう、ある班は丁寧な女の子がリーダーであるためにずいぶんと時間がかかってしまう、こういうことがよくあります。まだ終わっていない班があるので、担任としてはこれで終わりとは言いにくい。どうしても丁寧に時間をかけて取り組むグループに合わせてしまうものです。

しかし、すでに終わってしまった班はもうすることがありませんから、少しずつ遊び始めます。10分もすると、教室は騒然とした状態になります。こんな経験はないでしょうか。

私は毎年、学級経営において、生活班と奉仕班とのクロス方式を採用しています。要するに、生活班（日常の座席を構成する班）と奉仕班（係活動の班）とを別々の組織にしているわけです。

しかも、各生活班には必ず一人ずつすべての係が所属している、つまり、生活なら生活、文化なら文化という係がすべての生活班に必ず一人ずついて、その生活係がその班の生活点検に責任をもち、その文化係がその班の文化的取り組みの責任をもつという、一人一役を徹底するシステムです。職員室の「学年」と「校務分掌」との関係のような組織ですね。

さて、こうなりますと、組織が二重にありますから、班ポスターと係ポスターの両方をつくることになります。6つの班、6つの係があるとすると、12枚のポスターをつくることになるわけです。しかも、学級の生徒たち全員が生活班と奉仕班の二つの組織に所属することになりますから、班ポスターと係ポスターとは同時につくることができません。

みなさんならこんなとき、どうするでしょうか。

一般的に多く見られるのは、生活班ポスターづくりに2時間、奉仕班ポスターに2時間といった、時間ごとに振り分ける方法です。しかし、これをやりますと、冒頭に述べたように各班に時間差ができてしまい、下手をすると、早い生徒たちは生活班ポスターを1時間で、奉仕班ポスターを1時間でつくってしまい、それぞれ残りの1時間ずつは遊びになってしまう……ということにもなりかねません。

こうした現象は、生徒に与えるポスターづくりの時間を授業1時間単位に設定してしまっていることに起因します。要するに、生徒たちに預けてしまう時間としては1時間という単位が長すぎるのです。

私ならこうします。

まず、生活班をつくる。生活班に二十分という時間を与え、ポスターのデザインを二十分で考えることを指示する。デザインが完成したら担任のチェックを受ける。しかも、質の高いものでないと合格を出さない。二十分で完成しなかった場合には、放課後残って、今日中にデザインを完成させることと指示する。

二十分経ったら、今度は奉仕班をつくる。やはり二十分間でデザインを完成させることを指示する。同様に点検し、この日のうちにデザインを完成させることを指示する。

こうしますと、生徒たちはデザインづくりに専念する、かなり密度の濃い時間を過ごすことになります。遊ぶ生徒も出ません。また、この後、生活班ポスターづくりに一時間、奉仕班ポスターづくりに一時間を与え、完成しなかった場合には全員放課後に残って完成させること、と指示します。これもその日のうちにという制限をつけます。

小集団で何か作業をさせるというとき、学級担任には、このように「時間差をつけない」という確固とした意識が必要です。時間差が生まれることこそが学級を乱す一番の要因なのです。それを避けるためには、すべての活動に時間制限を設け、できるだけ時間差をつくらずに進めていくことが必要なのです。

これを「**時間指定の原理**」といいます。

# 7 即時対応の原理

クレームを避けたい！
すぐに連絡、すぐに対応！
生徒・保護者の信頼を得る
行動する教師になる原理

中学校で学級担任をしていると、年に何回はどうしても生徒を怒鳴りつけたり、おどしたりという場面が避けられません。生徒が自分はやっていないとしらを切り通そうとしたり、或いは嘘をついて他の証言と話が合わなかったりといった場合です。

こういう場面があったとき、そのまま放置してはいけません。放置しておくと、生徒が家に帰って保護者に「先生に怒鳴られた」とか「先生におどされた」とか言って、クレームの電話がかかってくる……などということになりかねないからです。

教師は生徒に指導したとき、自分の言っていること、指導していることは正しいと確信して指導しています。しかし、指導内容の正しさと指導方法の正しさとは必ずしも一致しません。指導内容が正しいから指導方法の多少の行き過ぎも許される……それはあくまで「教師の論理」「職員室の論理」に過ぎません。一般的には許容されない、と認識すべきでしょう。

また最近は、髪型や髪の色を注意、とか、スカート丈の短い女子生徒を注意したりスボンを腰まで下げている男子を注意したりといった、ひと昔前までなら問題にもならなかった、中学校でごく普通に行われる指導に対してもクレームが来るということがよくあるようです。たいていの場合、教師はなんとなく面倒なことになるのを避けてしまいがちになり、その生徒の服装の乱れが他の生徒にも波及してしまい、それが日常化してしまって、「困ったな……」「打つ手がないな……」ということになりがちです。

さて、こうした場合、生徒が帰宅して保護者の耳に入れるより先に、担任から指導の経緯を報告するということが必要になります。保護者としても第一報が担任から聞いた話であれば、生徒の偏った話をそのまま信じ込むということがなくなります。

放置したらトラブルになるような事例も、この「生徒が帰宅する以前に第一報を入れる」ということを徹底すれば、保護者のクレームもかなり回避することができます。逆に言えば、トラブル要因のスタートが、保護者にとって我が子から聞いた話になっているからこそトラブルは大きくなるのです。

この必要とあらばすぐに電話連絡をすること、ちょっとでもクレームにつながる可能性がある場合には、ぐずぐずせず、すぐに連絡をとること、これを「**即時対応の原理**」といいます。

また、保護者から「我が子がいじめられている」とか「こういうトラブルがあった」とかいう電話連絡がはいる場合があります。こうした場合、多くの教師は「まずは学年で検討してみます」とか、「まずはもう少し様子をみてみましょう」などという対応をとりがちです。しかし、これはいけません。保護者からすれば、「学校に電話しようかしまいか」と悩んだ末での電話なのです。やっと決意して、勇気を出して電話してきているのです。その答えが「検討します」や「様子を見ましょう」では保護者としては納得できません。もちろん保護者も大人ですから、口では「わかりました」とは言うでしょう。でも、やはり心情的には納得できないものなのです。

こうした事案は、その日のうちに、即時に対応するのが原理です。そしてその日に電話を入れ、今日の指導で生徒に事情を聴いた中身を報告し、明日からどう動くかといった予定もしっかり伝えてあげなくてはなりません。こうした「即時対応」が保護者の信頼を得るために最も必要なことなのです。

保護者からのクレームの多くは、学校側の初期対応のまずさが原因であることが多いものです。初期対応が悪いと、その後のネガティヴな現象のすべてがそこに起因するように解釈されてしまい、あとあとまで尾を引く場合が多いのです。

**「即時対応の原理」**は、いくら強調しても強調しすぎるということのないほど、大切な原理であると心がけましょう。

column

## スピード対応という信頼基準

携帯メールをもらったときにどの程度の時間でレスポンスするかということが、大きな意味をもつと認識される時代です。そのスピードが人間関係を測る基準となる、というわけです。最近、実は教師が信頼できる人間か否かも同じような基準で測られている傾向があります。つまり、何かトラブルがあったときにいかに迅速に対応したかということがずいぶんと意味をもつ時代になっているのです。いまは「様子を見よう」という対応はほとんど許されなくなりました。教師にとってスピード対応が欠かせない条件となったのです。

# 8 素行評価の原理

生徒ってどう見取るの？
生徒の素顔はどんな顔？
意図的に素顔をつくり出す
教師の観察眼を鍛える原理

授業である生徒を指名します。指名された生徒が発言します。あなたはそのとき、教師として何を見ているでしょうか。

合唱コンクールの練習をしています。ソプラノの高音が少し下がっているようです。他の３パートを座らせて、ソプラノの高音を調整します。あなたはそのとき、教師としてどこを見ているでしょうか。

授業で発言している生徒は、自分が指名されて頑張って発言しています。なんとか自分の考えていることをわかりやすく説明しようと、思考をフル回転させています。そういう生徒の姿を見ることは、教師にとって一つの喜びです。

しかし、数十人の学級の生徒たちのうち、発言している生徒はたった一人です。もしもこのとき、教師が発言している生徒だけに注目してしまっているとしたら、それはずいぶんともったい

ない話なのではないでしょうか。
指名されて発言している生徒は、いま脚光を浴びています。思考をフル回転させて、緊張状態にあります。このとき、ほかの生徒たち、すなわちその発言を聞いている側の生徒たちこそが、実はいろいろな表情を見せているのです。
ある生徒は席の少し離れた生徒に向けて手紙を書いているかもしれません。ある生徒はどうしても朝読書の続きが読みたくて、机の下で本を開いているかもしれません。ある生徒は窓の外を眺めながら給食のメニューは何だったかなと考えているかもしれません。もちろん、多くの生徒たちは発言者の意見を聞き漏らすまいと、真剣に耳を傾けていることでしょう。
いずれにせよ、こうしたとき、実は緊張状態にない周りの生徒たちにこそ、彼らの「素（す）の状態」が表れているのです。教師にとって、これほどの生徒理解のチャンスはありません。しかも、こうした場面は日常的に、しかも日に何度も訪れるのです。

合唱コンクールの例も同じです。ソプラノが高音の音取りをしているとき、実は休んでいる他の三パートは休憩タイムになっています。こんなとき、生徒たち個々の合唱コンクールへの意識が垣間見られるのです。ある生徒は真剣にソプラノの響きに耳を傾け、多くの生徒たちは小声でのおしゃべりに花を咲かせる。生徒たちの「素の状態」を理解することができます。

このように「素の状態」の行為を観察して日常的な指導に活かす目をもつこと、これを「**素行評価の原理**」といいます。

例えば学活時間でやることを終え、時間が五分余ったとします。こんなとき、多くの教師は生徒とのおしゃべりを楽しみながらチャイムが鳴るのを待つ、というのが一般的でしょう。

しかし、こうした場合、「じゃあ、時間が余ったから、おしゃべりタイム。席を立っていいよ。ただし、教室からは出ちゃダメだよ。」と言ってみてはどうでしょうか。生徒たちはこの5分間でいろいろな表情を見せてくれるはずです。

仲が良かったはずの二人がいっしょにいない。何かあったのかもしれない……。Aくんを中心に五人もの生徒たちが集まっている。最近、学級ではAくんが人望を得ているのだな……。Bさんはだれとも話をすることなく、一人で漫画を描いている。あんなに外向的だったのにどうしたのだろう……。

「素行評価の原理」で生徒たちを観察するには、素行評価場面を意図的につくり出すことも大切なのです。

column

## 自己紹介の板書に見える素行

ある年の学級開きのことです。生徒たちの自己紹介にあたって、自分の名前を板書しながら自己紹介することを求めました。すると、女子生徒が同じ高さから同じような字の大きさで整然と名前を書いていくのに対して、男子は文字の大きさもばらばら、文字を板書し始める高さもばらばら。この 学級では1年間、女子生徒に苦労することはほとんどありませんでした。逆に男子は元気いっぱいのチョロ松軍団（笑）。こんなところにさえ、生徒たちの「素行」は見えるのです。

# 9 一貫指導の原理

指導の核をもてば
学級崩壊なんてしない！
一年間揺るがない指導で
生徒の信頼を獲得する原理

「先生は学級リーダーを中心に班づくりをします。基本的にそこでできた班で座席も決めていきます。これから委員選出をするわけですが、学級でかなり大きな権限をもつ人たちを選ぶわけですから、みなさんも真剣に考えて委員を選びましょう。」

学活で高らかに宣言した四月。

しかし、二学期になって、生徒たちもすっかり学級に慣れた様子。「先生、たまにはくじで座席決めようよ」という声もあがります。教師は「うん、それもいいかな……」などと思ってしまいます。「よし！　今回だけくじで行こう！」

「学級通信を毎週金曜日に発行します。生徒たちの学級での生き生きとした表情を、みなさんにご報告できるように頑張りますので、みなさんもご家庭で何か気になることがあったときには、

どんな小さなことでもけっこうです。気軽にご連絡下さい。」

保護者集会で高らかに宣言した四月。

しかし、二学期になって、文化祭や合唱コンクールの忙しさに、「ああ、今週は学級通信ができてない。ごめんなさい。来週二号出します。」と心の中でお詫びします。ところが次の週も忙しくて、一号は出したものの先週の分までは発行できなかった……。それをきっかけに、学級通信の発行は二週に一度になり三週に一度になっていく。

どちらもよく見る光景です。

これらの失敗例は双方とも、教師が新しい学級をもって張り切っている時期に、「できもしないこと」を口走ってしまったことに起因しています。第一の例は生徒たちにとって、「先生が四月に敷いたルールも場合によっては変更が可能である」ということを意味します。また、第二の例は保護者から見れば「あんなに高らかに宣言していたのに、もう息切れ？」となること必至。ときにはクレームの対象にさえなりかねません。たとえクレームが来なかったとしても、保護者の信頼を失っていることだけは確かです。いずれの場合も、途中でやめるなら最初から宣言しない方がずっと良かった、という事例です。

学級担任は「やるといったことはやる」という構えを強くもつことが必要です。「先生は絶対にいじめを許さない！」と言ったら、一年間を通してしつこくしつこく、徹底的に許さない姿勢を堅持しなければなりません。「悪口を言われた」「いじめられている」と訴えてきた生徒に、「いやあ…本人は言ってないっていうんだよね……。」などという言い訳は一切許されないのです。一学期に女子生徒のスカート丈に口うるさく言っていたとしたら、それは二学期になっても三学期になっても、一貫して言い続けなければ信頼されないのです。ちょっとでもその指導をゆるめると、「ああ、先生はあきらめたんだな……」と別の意味をもたれてしまうのです。そしてそれが、じわりじわりと学級をくずしていくのです。

こうした例は学級にたくさんあります。四月には「朝の挨拶は大きな声で」と何度もやりなおしをさせていたのに、六月頃からはあまり言わなくなってしまう。四月には「先生はみんなの話をよく聞くよ」という姿勢を見せていたのに、行事の忙しさに気持ちの余裕がなくなってしまい、生徒が話しかけてきても軽くあしらうようになってしまう……。もう数え上げたらきりがありません。

こうした現象は、担任がある機会に特別に投げたかけた指導言とは異なり、毎日毎日、毎時間毎時間を通して生徒たちに染み込んでいくタイプの、教師が無意識のうちにやっている「背中の指導」になってしまいます。できないことは言わない方がまだよいのです。

「**一貫指導の原理**」は、学級担任にとって、もっとも大切な心構えといって良いでしょう。

column

## かくれたカリキュラム

教師は常に「かくれたカリキュラム」を大きく意識しなければなりません。「かくれたカリキュラム」とは、教師が意識しないままに教え続けている知識・文化・規範などを言います。例えば、一度決めたルールを頻繁に変更することは、先生の決めたルールは変更可能なのだと教えることになる。授業中に指名した生徒が黙っているので、「それじゃあ、○○くんは？」と次にまわすと、「黙っていれば発言しなくてもよくなる」ということを教えることになる。こうした恐ろしい原理のことです。

# 10 同一歩調の原理

一人で抱えるな、
みんなでやろう。
同僚とうまくやりたい！
チームカで進める原理

若い先生ほど、そして自信をもっている先生ほど、自分一人で突っ走る傾向があります。右も左もわからないままに、ただ一生懸命に体当たりで生徒たちに向かっていく、これはある意味で必要なことであり、若者らしい良いことである場合も少なくありません。

しかし、学校はいま、職員室が「チーム」で動く時代です。一人ひとりの教師が自分の考えのみに従って突っ走ってやっていけるほど、いま学校が置かれている状況は甘くはないと言って間違いはないでしょう。

例えば、ある学級では担任のA先生によって女子生徒のスカート丈に対して大変厳しい指導が行われているにもかかわらず、ある学級では担任のB先生が「スカート丈くらいで人が判断されるのはおかしい」とほとんど指導していなかったとします。すると、生徒や保護者に不信感が生まれます。

特に人間だれしも易きに流れる傾向がありますから、厳しい指導を受けている学級の生徒や保護者が「うちのクラスの先生は厳しすぎる」と思うようになります。A先生の学級だけならそういう話にならないのに、B先生の学級があることによって、相対的にA先生の指導が「厳しすぎる」と評価されるようになるのです。

反対もあります。A先生とB先生がとても厳しい先生だとします。C先生は生徒の話をよく聞きながら対応していこうという先生だとします。それが数ヶ月すると、A先生とB先生の学級は緊張感があってビシッとしているのに対し、C先生の学級は学級全体に安心感はあるけれども、それだけに甘えも感じられるという雰囲気になっていきます。こういう差が生まれた時点で、C先生への保護者の評判が落ちることさえあります。「C先生は甘すぎるのではないか」というわけです。これもあくまで、A先生やB先生と比べて相対的に「甘すぎる」と評価されるようになったに過ぎません。

職員室も一つの組織です。あなたにどんなに確固としたポリシーがあったとしても、それが職員室のコンセンサスと大きく異なるようでは、決してうまくいきません。たとえうまくいっているように見えたとしても、それは他学級の生徒に不満を抱かせていたり、或いは隣の学級の生徒たちにあなたの学級を「うらやましいなあ……」と思わせることによって隣の担任の先生に間接的に迷惑をかけていたり、といったことがあり得るのです。

特に中学校では、学年団の先生方が一貫した指導をすることによって、学年の生徒たちが心情的に安心感・安定感を抱きながら学校生活を送る……というのが理想的な姿とされています。何事も一人でできることなど限られています。少なくとも学年の先生に対して、そしてできれば職員室の先生方みんなに対して不信感を抱くことなく、お互いに協調し合って指導に取り組んでいくことが必要です。これを「**同一歩調の原理**」といいます。

私は二十年間の教職経験の中で、中学校の教育活動を充実させるために最も大切なことは何かと尋ねられれば、迷うことのなく、この「同一歩調の原理」を挙げます。

お互い人間ですから、同僚の中に、あるいは学年団の中に「気が合わないなあ……」と感じる人もいることでしょう。しかし、人にはそれぞれ得手不得手があります。事務仕事を得意としているA先生は、もしかしたらあなたのように人間関係の機微を理解しながら生徒指導することができないかもしれません。生徒指導を得意としているB先生は、もしかしたら事務仕事が苦手でミスが多いかもしれません。

しかし、職員室もまた「社会の縮図」なのです。「社会の縮図」だからこそ、生徒たちがいろんなタイプの先生から指導を受けることができる、それもまた真理なのです。職員室に何よりも必要なこと、それは「共同性」なのだと肝に銘じて仕事をしたいものです。

column

## 学級経営の相対評価

学級経営は相対的に評価される――これは私の持論です。教師は学級経営において、担任である自分と担任している生徒たちとの関係ばかりを気にしています。しかし、生徒や保護者は決して担任教師ばかりを見ているのではありません。生徒も保護者も常に隣の担任と比べて自分の担任はどうか、お兄ちゃんの担任と比べて弟の担任はどうか、こういう目で見ているのです。しかも、隣の芝生が青く見えるのは世の常。職員室や学年団が同一歩調をとらねばならないという理由の一番はこれなのです。

第2章

# 学級をマネジメントする100の原則

# 学級組織づくり 10の原則

学級組織をつくるときに想定しなければならないことは大変多いといわなければなりません。なのに、一般には、

① 日常の学校生活を送るための最小単位となること
② 給食当番や清掃当番、日直といった当番活動と連動していること

の二つくらいしか想定されていないのが現実です。

しかし、学級組織づくりにおいて想定しなければならないことは、他にもまだまだあるのです。例えば、

③ 学校行事の組織と連動させて、行事に取り組みやすくすること
④ 生徒会組織と連動させて、生徒会活動を機能しやすくすること

**10 rules**

**①偶然性を排除する**
**②様々な教育活動と連動させる**
**③一人一役を徹底する**
**④足並みをそろえる**
**⑤最低限のシステムを固める**
**⑥学級リーダーに負担をかけすぎない**
**⑦各班のバランスをとる**
**⑧人数分の仕事を確実に用意する**
**⑨係長には重い仕事より重い責任をもたせる**
**⑩欠席時の代理まで用意する**

⑤　道徳・学活・総合的な学習の時間などで小集団として活用するために、協働集団・協奏集団・協創集団として機能しやすくすること
⑥　授業における小集団として活用するために、学習集団として機能しやすくすること

などです。

学級担任はどうしても、自分がやりやすいようにと狭い視野で学級組織を考えがちですが、自分がつくった組織は「授業」でも「特別活動」でも「総合的な学習の時間」でも活用されるものなのだと意識することが必要です。

生徒を育てるためにとつくられる学級組織。しかし、あなたの学級の生徒たちを育てているのは、決してあなただけではありません。他教科の授業や総合などで機能するような、そんな学級組織を目指しましょう。

学級組織づくり10の原則

# 1 偶然性を排除する

学級組織をつくる心構えとして、まず何よりも大切なのは「偶然性」を排除するということです。先生方の班や係、座席のつくり方を見ていると、くじで決めるという担任が殊のほか多いということに驚かされます。私はこれに対して「いかがなものか」と思います。

もちろん、班をくじで決めるという担任にも「思想」があります。学級のだれとでも仲良くなれるように……という「だれとでも主義」がそれです。

しかし、実際には、学級の座席や班には、配慮しなければならない事柄が様々にあります。例えば、視力の弱い生徒がいるとか、授業における小グループ交流の際に学力の低い生徒同士が隣り合わせて座っていて、交流が機能しづらいとかいったことです。班や座席をくじで決めるという教師は、班とか座席というものが授業における小集団活動や、各種行事の小集団活動に用いられる単位となっている、ということに意識が薄いように思います。班や座席は、決して学級担任が学級経営の理想を追い求めるためのツールとしてのみあるわけではないのです。

学級組織づくり
10の原則

2

# 様々な教育活動と連動させる

学校は長く民主主義を理想に運営されてきました。その結果、学級組織づくりも担任裁量という学校が多いようです。しかし、こうした学級担任ごとの自由裁量という考え方が、ずいぶんと学校の仕事を増やしているという現実があります。

例えば、旅行的行事の準備に学年全体で動こうとしたときに、各学級の組織がバラバラで、それぞれのバランスをとって計画しなければならなかったり、生徒会担当の先生からの提案にあわせて各学級が組織を変則的に運用したり、「総合的な学習の時間」の校外学習においてわざわざそのために新たな組織をつくることになったりといった具合です。こうした細かな二度手間・三度手間が、ただでさえ忙しい学校現場を更に窮屈にしているという現実があります。

また、七列で座席を構成してしまい、教科担任が四人や六人で小集団交流をさせようとしたときに、小集団をつくるのに手間取らせてしまう……ということもあります。

授業・行事・生徒会組織とできる限り連動させた組織をつくることが必要なのです。

学級組織づくり
10の原則

3

# 一人一役を徹底する

中学生は少しずつ大人に近づいている時期だけに、ともすると一部の生徒だけがよく働いて、あとの生徒は傍観者……ということになりがちです。

学級組織づくりの目的の中心は、あくまでも「特別活動」です。とすれば、民主社会の一員としての責任を果たす、その心構えの基礎をつくる、このことが第一の目的といえるでしょう。そのためには、学級の生徒たち全員が何らかの役割を担い、学級に貢献するというシステムを敷くことがその理念に適うことになるはずです。

私たち人間は、自らの所属とともに、自らの役割を自覚することなしには自己を確保することができません。自分は○○中学校の生徒である、自分は○年○組の生徒である、といった所属感と同時に、自分は○年○組において○○という役割を担っており、その役割を通して学級に貢献している、といった自覚をも抱かせることが大切なのです。

〈一人一役〉は、アイデンティティを確立するための訓練という側面もあるのです。

学級組織づくり
10の原則

# 4 足並みをそろえる

学級経営は相対的に評価されます。ある学級担任の学級経営が絶対的に良いとか、ある学級担任の学級経営が絶対的に悪いとか、そのように評価されることはまずありません。いいえ、厳密にいえば、生徒や保護者は確かに「○○先生の学級経営はどうも……」と絶対評価を下しているように見えます。しかし、それはそう見えるだけなのです。実は、生徒も保護者も、無意識的には、「隣の学級の担任と比べて、うちの担任は……」という不満から出発したり、「隣の学級と比べると、うちの学級は安定している。うちの担任は力量が高いんだな……」といった評価から出発したりしているのです。すべての教師は、これをしっかりと認識する必要があります。

しかし、だからこそ、足並みをそろえられることについてはすべて一致させる、くらいの構えでいる必要があります。学級組織づくりや当番活動、席替えなどは、生徒にとって日常の学校生活を構成する重大要素の一つです。そうした生徒の学校生活を規定するものについては、それが重要であればあるほど学年で同一歩調をとり、足並みをそろえることが必要なのです。

学級組織づくり
10の原則
5
# 最低限のシステムを固める

世の中には、大きく分けて二種類の学級担任がいます。一つは、できるだけ生徒の自由度を狭めて、担任教師の掌の上で学級を運営しようとするタイプ。もう一つは、できるだけ生徒の自主性を発揮させて、生徒の意欲や主体性を尊重しようと何事においても生徒たちに話し合いをさせて決めさせようとするタイプです。

しかし、結論からいえば、このどちらの発想もいけません。学級担任の仕事はあくまで、学級のシステムを固め、そのシステムの中で生徒たちの意欲や能力を発揮させ、成長を促すことなのです。システムは一貫した〈思想〉に支えられた強固なものである必要があります。

さて、こうしたシステムさえ固めてしまえば、あとの細かなことは大胆に生徒たちに任せることができます。前にも述べましたが、学級経営とは、教師がシステムを固め、そのシステムの中で生徒にいかに工夫させるかという営みなのです。学級担任として絶対的に強制すべきことと生徒たちの自由度に任すべきことを、明確に意識して学級組織をつくりましょう。

学級組織づくり
10の原則

# 6
# 学級リーダーに負担をかけすぎない

多くの学級担任にとって、リーダー生徒は頼りになる存在です。それ故についつい大きな期待をかけ、無理なお願いもしてしまいがちになります。

しかし、ここで一歩下がって考えてみて下さい。あなたはリーダー生徒に過重な負担をかけてはいないでしょうか。また、ついつい先生のお手伝い係として、本来、生徒ではなく教師がやるべきことさえやらせてしまってはいないでしょうか。その生徒が優秀で、しかも素直な生徒であることに甘えて、あれもこれもと言ってしまってはいないでしようか。

例えば、旅行的行事では学級をまとめることを担わせ、学校祭では企画のリーダー、合唱コンクールでは指揮者、それでいて日常的な問題が生じた場合にもその生徒を中心に解決を図る、更に学級代表として生徒会との連絡調整もこの生徒の役割、そんな感じです。

これは学級リーダーが過剰な負担に押しつぶされてしまう可能性があるばかりか、実は他の生徒たちがリーダー経験を積む機会を奪っていることをも意味するのです。

学級組織づくり
10の原則

# 7 各班のバランスをとる

ごくたまにですが、生活班6人のうち5人が男子……などというバランスの悪い班構成を見ることがあります。また、ある係の生徒がある生活班に集中しているなどという例も見ることがあります。更には、ある生活班に成績下位の生徒ばかりが集まっていて、授業で小集団交流をしようとしたときに支障が出る、などということも見られます。座席をくじ引きで決めている学級に多く見られる現象です。

生活班は学級活動だけを考えてつくれば良いものではありません。また、自分の授業ではあまり小集団学習を行わないとしても、他の教科担任は頻繁に小集団での話し合い、交流を行っているということも十分にあり得ます。

学級担任は生活班の班員構成において、少なくとも「男女バランス」「係担当者のバランス」「学力のバランス」の三つについて常に意識する必要があるでしょう。生活班はいろいろな側面でバランスをとってこそ、よりよく機能するのです。

学級組織づくり
10の原則

8

# 人数分の仕事を確実に用意する

係活動は一人一役を基本とします。そのためには、始業式の前に生徒人数分のすべての仕事を決めておく必要があります。しかもそれらの仕事は、一人ひとりの仕事が公平に分担されていなければなりません。つまり、係のメンバーが決まった時点で、一覧になっているそれらの仕事を分担するのです。

よく見られるのは、役割分担を細かく決めないものですから、結果的に係長やまじめな子がすべての仕事に取り組んでしまっている、という現象です。これが生徒たちの中に不公平感を生み出します。係長やまじめな生徒たちが「損をした」という気分になってしまうのです。

こうしたことが前期に起こると、後期の学級組織づくりにおいて多くの生徒に楽な立場につこうとする心理が働き、なかなか学級組織が決まらないという現象が起きがちです。後期の委員や係がなかなか決まらない、もしもそういうことが起こったとしたら、学級担任はまず、前期の学級組織の在り方がまずかったのではないか、と考えるべきなのではないでしょうか。

学級組織づくり
10の原則

# 9 係長には重い仕事より重い責任をもたせる

係活動でよく見られるのは、係長の仕事が非常に重くなってしまう例です。係長として責任をもたされ、係長会議にも出席しなければならないというのに、毎日毎日、係の細かな仕事も担当しなければならない、などということがよく見られます。中には、生徒会委員を兼ねて係長をやっているという例さえ見られます。これでは、一人の生徒に過重負担がかかりすぎです。

常に立候補制をとって生徒たちの自主性を育てたい。意欲のある生徒にこそいろいろな仕事をしてもらいたい。その思いはわかります。しかし、その結果として、全員が意欲を喚起されたり全員の自主性が育ったりということはまずあり得ないというのが現実です。

私の場合は、生徒会の委員になっておらず、その係の中で最も仕事の軽い生徒が自動的に係長になる、というシステムを敷いています。こうすると、「仕事内容は軽いが責任は重い」という立場になります。相手は子どもなのですから過重な負担をかけずに、しっかりと手を抜かずにやり切れるような仕事分担をすべきでしょう。

学級組織づくり
10の原則

10

# 欠席時の代理まで用意する

係活動では、係分担を決める時点で、担当者が欠席した場合にだれが代わりを務めるのかまで決めておくことが大切です。そうしなければ、その日、欠席した生徒の仕事が滞ってしまい、学級システムが機能しないということが起こります。学級担任が代わりに行うという例も見られますが、係分担としてだれが代わりを務めるのかを決めて、分担通りに動かすのが良いでしょう。

私はこの場合にも、代わりは係長が……という決め方ではなく、Ａくんの代わりはＢくん、Ｂくんの代わりはＣくんというように、公平に決めておくのが良いと考えています。ＡくんもＢくんも二人とも欠席した場合に、初めて係長がその代わりを務める。このくらいが良いのではないでしょうか。

それでなくても、係長には日常的に機能していない係員に声をかけて仕事をしてもらう、という役割があるのです。二重三重に責任を課すのは過重負担をかける、という認識が必要です。責任感とフォロー意識は「すべての生徒たちに育てる」という構えをもちたいものです。

# 席替え10の原則

生徒同士が人間関係を結ぶことが難しくなったといわれるようになりました。それが、ともすると保護者のクレームとなって、深刻な事態に発展するというようなことも見られるようになりました。こうした最近の学校事情を考えると、席替えのルールにとって最も重要になるのは、「偶然性の排除」です。

従来、座席はくじで決めたり、生徒たちに任せたりといった在り方も見られましたが、現在はそのような教師の意図を反映させられない決め方をすると、何かトラブルが生じたときに、教師が必要以上に苦しむということになりかねません。やり方は様々にありますがいかに「偶然性」を排除し、意図的な座席配置にするかを考えなければならない時代に突入したのだといって過言ではありません。

ただし、席替えは今も昔も生徒たちにとって、学校生活を営む上での重大事……、生徒たちが納得するよ

10 rules

**①担任の専権事項と考える**
**②偶然性を排除する**
**③席替えルールの裏の思想を納得させる**
**④一年間、ルールを変更しない**
**⑤男女の配置に配慮する**
**⑥不登校傾向生徒に配慮する**
**⑦学力バランスに配慮する**
**⑧机間巡視と連動させる**
**⑨小集団学習のしやすさを念頭に置く**
**⑩学年の足並みをそろえる**

うなルールを敷くことが大切です。生徒たちの納得を得ながらも、学級担任の意図するような学級の雰囲気を醸成するような座席配置を、また、「机間巡視」のしやすさや「小集団学習」のしやすさなど授業の機能度を高めていくような座席配置をどうつくっていくか、これが学級担任としての腕の見せどころともいえるでしょう。

繰り返しになりますが、席替えは生徒たちから見れば一大イベントです。教師と生徒との人間関係をつくる機会になると当時に、教師と生徒との信頼関係をくずしてしまうきっかけにもなります。また、意外と意識されていないのですが、プリントの配付・回収や清掃のための机の上げ下げ、窓・カーテン・扉の開け閉めなど、日常生活において決して目立たないけれど、学級の雰囲気を規定してしまう要素を多分に含んでいるので配慮が必要にもなります。

席替え
10の原則

# 1 担任の専権事項と考える

席替えのルールづくりは、教師の専権事項ととらえなくてはなりません、生徒たちに任せてはいけないものの代表といってもいいでしょう。その意味で、教師の影響力を発揮するだけでなく、生徒たちも納得するようなルールを敷かなければなりません。

一般的に最近の生徒は人間関係を結ぶことが難しくなったといわれています。席替え一つにも配慮すべきことがたくさんあります。席替えを機に不登校生徒が出たりトラブルが起こったりという事例をよく聞きます。ときにはそれが保護者のクレームとなって、深刻な問題に発展しかねない、現在、学校現場にはそんな状況があります。

生徒たちから見れば、席替えは学校生活を営む上での重大事の一つです。生徒たちが納得するようなルールを敷くこと、担任が意図するような学級の雰囲気を醸成するような座席配置を考えること、また、例えば「机間巡視のしやすさ」のような授業の機能度を高める手立ての一つとして考えることなど、様々な観点から配慮する必要があります。

席替え
10の原則

2

# 偶然性を排除する

従来、席替えはくじで決めたり、生徒たちに任せたりといった決め方をする担任が多かったように思います。読者のみなさんも一度くらいはそういう担任の先生に受け持たれたことがあるのではないでしょうか。しかし、現在、こうした座席の決め方は、無用のトラブルを引き起こす可能性が強い、といえるでしょう。

「いまの席では学校に行きたくないと娘が言っているのですが……。」という電話がかかってきたとします。担任としては不登校になっては困りますから、座席を変えようとします。しかし、それを周りの生徒たちに納得させるのが難しい。ときには「ひいきだ」とまで言われかねません。こうしたことが少しずつ担任の信頼度を下げていき、最後には学級崩壊……なんていうことも決して珍しくありません。学級崩壊とは、こうした小さなことの積み重ねで起こるのです。

席替えは生徒たちにとって重大事です。席替えのルールの実権はあくまでも担任が握り、偶然性を排除するとともに様々なことに配慮しながら決めていくことをお勧めします。

席替え10の原則

# 3 席替えルールの裏の思想を納得させる

四月、年度当初に学級組織をつくります。生活班や奉仕班をつくるこの時点で、今後一年間どのように席替えをしていくかというルールについて、説明してしまうのがいいでしょう。

その際、①まだ一人も現れていないけれども今後不登校生徒が出てしまう可能性があること、②給食当番や掃除当番を機能させることとの必要性、③学級の生徒全員が学級のためになんらかの役割分担を担う「一人一役」の必要性、④日常的に授業を受ける座席になるので学力や人間関係にまで配慮して決めなければならないこと、⑤目の悪い生徒への配慮、⑥プリントの配付や回収が一番前・一番後ろの人の役割になりやすいこと、⑦机の上げ下げや窓・カーテンの開け閉めなど、様々なことが座席によって自然にその席の人の役割になってしまう現実があることなどについて、しっかりと説明する必要があります。

年度当初にこれだけ学級担任が考えながら座席をつくろうとしていることを知れば、たいていの場合、席替えルールについて文句を言う生徒は出ません。

席替え10の原則

4

# 一年間、ルールを変更しない

席替えのルールに限りませんが、四月に担任が敷いたルールは、基本的に一年間変更しないことが大切です。私の学級では一年間変更することなく、次のように座席を決めます。

私の場合、一人一役を基本とし、生活班と奉仕班のクロス形式を用いています。日常的には生活班で座席を決めているため、私の学級における席替えは「生活班」をどのように決めるかということを意味します。ここでは各班が班長・学習係・生活係・文化係・環境係で構成されるものとして考えてみましょう。①班長と学級担任が会議をもって生活班を決める。②各班には５つの係が一人以上はいる。③また、「できるだけ初めて同じ班になる者同士で新しい班を構成する」というルールを敷く。④さらに、学級で問題になっている子ども（例えば、授業中のおしゃべりが指摘されているとか、個別指導が随時必要なほどに学力が低いといった場合）については、学級担任がどの班のどの座席にして欲しいかを伝える。このくらいの縛りがあると、班長も様々な要素を検討しながら座席を決めることになり、リーダー育成にもつながります。

席替え10の原則

5

# 男女の配置に配慮する

学級担任は自分の学級に対して「どんな学級になって欲しいか」という願いを必ずもっているものです。そうした願いを実現していくために、学級経営において様々なシステムを敷きます。座席の配置もそうした願いを実現していくための仕掛けの一つです。

例えば、私は「男女が分け隔てなくコミュニケーションをとれるような学級になって欲しい」という願いを抱いています。生徒たちが小グループで集まって楽しげに会話する風景というのはよく見るものですが、そうした何気ない会話集団が男女が混在した状態で楽しく成立すればよいのになあ……と考えているわけです。そのために、私は男女の座席をジグザグに配置するようにしています。つまり、前後左右が異性、四方の斜め方向に同性がいるという配置です。こうした座席配置は、同性同士で会話しようとすると、自然に異性が加わることになります。また、給食や授業での話し合いなど、生活班を使って向かい合ってグループをつくるときにも、左右と正面は異性ということになります。こうした仕掛けも意図的に施すのが座席なのです。

席替え
10の原則

6

# 不登校傾向生徒に配慮する

ごくたまに、不登校生徒の座席がない、という学級を目にすることがあります。転入生があった場合などに新しい机を教室に入れずにとりあえず不登校生徒の席に座らせる、そのままなんとなく忘れていて新しい座席をつくらないまま何週間も過ぎてしまう……などという事例です。

これはいけません。ある日突然、その不登校生徒が登校してきたときに、自分の座席がないという状況を見て、その子はどう感じるでしょうか。

こうした事例は論外にしても、不登校傾向生徒については、席替えにおいて大きく配慮する必要があります。仲のいい生徒を近くに配置するとか、少々粗暴な言葉遣いをする生徒についてはできるだけ近くに置かないとか、隣の席にはすべてのプリントをファイルしてくれるようなしっかりした生徒を置くとか、こうした配慮です。また、給食当番や掃除当番で人数が一人少なくなることが多いわけですから、不登校傾向生徒のいる班は最初から人数を多くしておくというような配慮も必要になります。

席替え10の原則

# 7 学力バランスに配慮する

学力下位の生徒同士がペアになって座る。ある班六人のうち四人が学力下位の生徒である。こういうことがあると、教科担任としては非常に授業がやりづらくなります。隣同士で確認し合うとか、班を使って交流学習をするとか、そうしたことがしにくくなるからです。

逆に、ある班では六人のうち五人までが学力上位の生徒である、というのも考えものです。あの班はできる子ばかりだから、あの班の言っていることが正解に違いない……そんな雰囲気が学級に醸成され、学習の効果を半減させることがあるからです。

活用型の学習にしても習得型の学習にしても、どちらも学力バランスを考えて座席を配置する必要があります。活用型学習には、異なった能力、異なった見方、異なった考え方の者同士が交流したときにより効果が大きくなる、という法則があります。また、習得型学習では、上位生徒が下位生徒に教えたりフォローしたりすることによって、下位生徒は学ぶことができ、上位生徒は他人に教えることで学力が定着するという二重の効果が期待できます。

席替え
10の原則

8

# 机間巡視と連動させる

一般論として、最も機能的にすべての子どもの作業を見て取れるのは、図のようなコースになります。記号や短い言葉で書かれたものを全員分確認するだけなら一分以内にまわることができます。読者の皆さんも、このコースどりを無意識にできるくらいまで訓練すると良いでしょう。

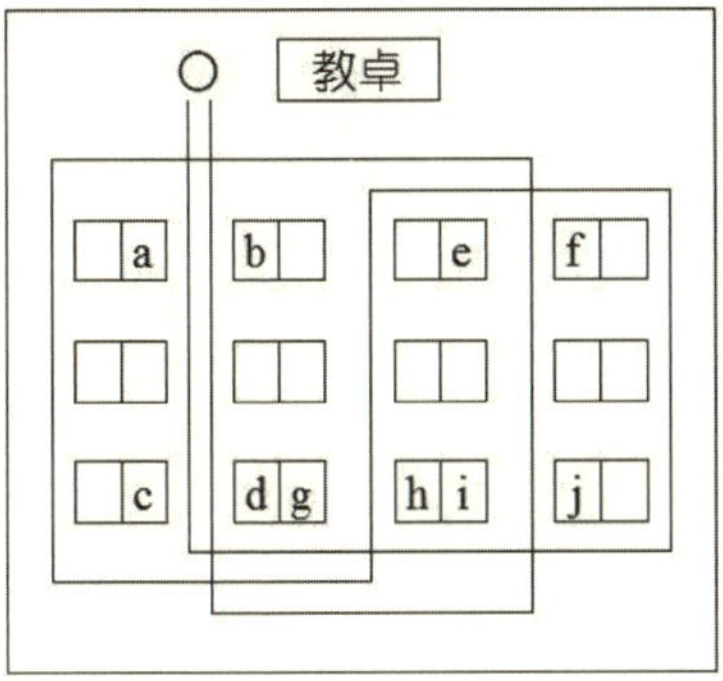


図のａ・ｂが机間巡視において最初と最後に接することができる座席です。ｃ・ｄもそれに近い効果のある座席です。ｅ～ｊも複数回接することができますが、時間的には一度目と二度目とが十秒程度の間になるのであまり機能的ではありません。学力下位の生徒や特別な支援を要する生徒など、頻繁に個別指導が必要な生徒についてはａ～ｄの座席に座らせると良いでしょう。

席替え10の原則

# 9 小集団学習のしやすさを念頭に置く

実技系教科の先生に多く見られるのですが、座席を五列で組んだり七列で組んだりという、ペアグループを作りづらい座席配置にする担任を見ることがあります。奇数列だと六人グループや四人グループも作りづらいという現実があります。いわゆる五教科の先生はときに六人、ときに四人、ときに三人と小集団を使い分けることが多いのです。また、教科によって小集団学習の人数に違いがある、ということもよくあることです。机の配列は偶数列にしましょう。

このことは、学級担任に教室の座席というものが授業を受ける座席であるという意識が薄いことを意味しています。おしゃべりが起きないことには配慮するのですが、ペア学習や小集団学習が日常的に行われていることにまで意識が向いていないのです。こうした担任は、成績下位の生徒がある班に固まったり、よく忘れ物をする生徒が隣同士になったりしていることにも意識が向いていないことが多いようです。教科担任の先生と日常的にコミュニケーションをとって、学力バランスや学習活動のしやすさなどにも配慮するよう心がけたいものです。

席替え
10の原則

10

# 学年の足並みをそろえる

大規模校ではなかなか難しい部分もありますが、席替えのシステムもできれば学年全学級で足並みをそろえることをお勧めします。特に、席替えは生徒たちがかなり楽しみにしている重大事でもありますから、席替えの時期くらいは一致させておくほうがいいでしょう。

頻繁に席替えをする学級と学期に一度ずつしか席替えをしない学級が同じ学年にあると、席替え回数の少ない学級の担任がやりづらくなる、ということになりかねません。生徒たちも保護者も、常に自分たちの担任の先生は他の担任の先生と比べてどうか……という視点で見ています。生徒も保護者も口にこそ出しませんが、学級担任は常に、静かな評価にさらされているのです。ときには席替えのようなシステムの違いが、ある学級担任の信頼を大きく揺るがしてしまう、ということさえあります。中学校では学級全体を動かすような「システム」については、できるだけ学年で足並みをそろえたほうがいい、この構えをもつことが大切です。

「学級組織づくり」の原則④（Ｐ59）も参照してください。

# ‥‥‥‥‥給食指導10の原則

私の同僚のベテラン担任に「一に給食、二に掃除、三・四がなくて五に勉強」を合い言葉に学級を運営している方がいらっしゃいます。この方は社会科の教師としてもう定年も近い大ベテランなのですが、生徒指導・教育相談を得意とし、いまだに野球部の生徒数十人を率い、更に授業もわかりやすくておもしろいと評判の先生です。

さて、この合い言葉、「三・四がなくて五に勉強」には賛否もあるかもしれませんが、「一に給食、二に掃除」についてはベテラン教師ならばだれもが賛同する、学級経営の王道といって間違いありません。給食時間に乱れが生じると学級はまず間違いなくくずれます。また、学校生活のその他の事柄が「よりよく生きる」ための営みであるのに対し、給食指導だけはまさに「生きること」そのものに直結している時間なのです。この先生はそれがよくわかっていて、給食時間を非常

**10 rules**

**①役割分担を決める**
**②遠いところから配る**
**③給食当番は五週が定着の目処と心得る**
**④おかわりは教師がコントロールする**
**⑤直接他人からもらうことは許さない**
**⑥班隊形は絶対にくずさせない**
**⑦片付け・おかわり時に廊下を通らせない**
**⑧完食指導はほどほどにする**
**⑨分別指導を徹底する**
**⑩常に全体に指導する**

に大切にされ、給食の準備・片付けも非常に速く、給食時間の態度も良く、更には毎日ほぼ完食させるという、給食時間の鏡のような給食指導をしておられます。

給食時間は昼休みと並んで、生徒たちが最も楽しみにしている時間の一つです。そうした場にルール意識がしっかりとあり、あくまでも決められたルールを守りながら楽しむ……そういう意識のある学級は、給食時間のみならず、すべてにおいてルール意識をもった、安定した学級になっていきます。ベテラン教師の多くが給食時間を大切にするのは、こうしたことがよくわかっているからなのです。給食指導は「効率性」「公平性」そして「楽しさ」、この三つを学級担任として必ず担保しなくてはなりません。たかが食事、されど食事……。まさに「一に給食」なのです。学級開きの前に、春休みのうちに、給食時間のシステムをしっかりとつくっておくことが必要です。

給食指導
10の原則

1

# 役割分担を決める

多くの先生は給食当番だけを決め、だれが何をするかという班内の役割分担は生徒たちに任せているようです。そういう学級を見ていると、いつも同じ女子生徒が食缶から汁物をそそぎ、いつも同じ生徒ばかりが楽なストロー配りをする、というような学級になっていきます。こうした不公平は役割分担表をつくれば解消されます。

私の場合、原則として次のようにしています。これを一日交替でまわしていきます。

A ………… 配膳台用意 → 皿盛りつけ → 箸配付
B ………… 配膳台用意 → カップ盛りつけ
C ………… バケツ用意 → 小皿盛りつけ → フォーク・スプーン配付
D ………… 牛乳配付 → ストロー → お盆
E・F … お盆 → 配膳台整備 → 配膳台運搬

必ずしもこの分担が良いというわけではありませんが、分担すること自体はとても大切です。

給食指導
10の原則

2

# 遠いところから配る

給食当番の配膳に時間がかかると、学級にかなり大きな影響を与えます。

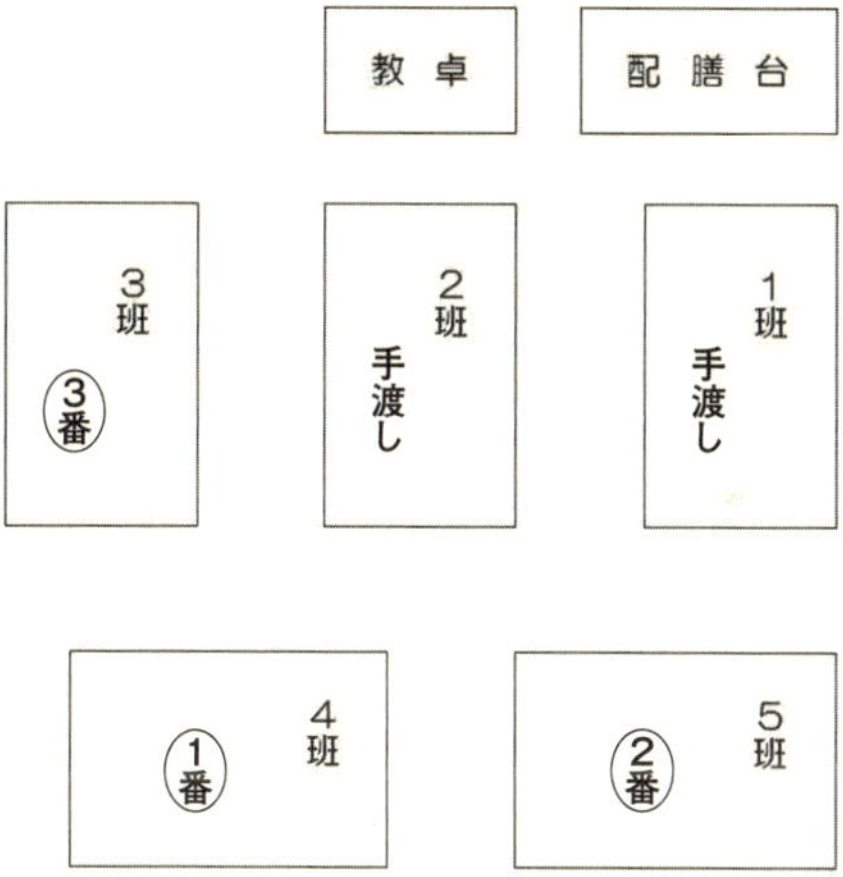


そこで配膳時間が少しでも短縮できるようにと、配膳の手法にも工夫が必要になります。例えば、上の図のような隊形で給食を食べるとしましょう。そうすると、お盆係はまず4班、次に5班というように、配膳台から遠いところから配ると効率的です。なぜなら、1班や2班なら、盛りつけをしている生徒が直接手渡しで渡すことができるからです。

ルールをつくっておかないと、生徒たちは近いところから配ろうとします。それが後半に配膳台をいっぱいにさせ、配膳時間を長引かせるのです。

給食指導
10の原則

3

# 給食当番は五週が定着の目処と心得る

四月、全体に給食当番の指導をします。読者のみなさんはこれまでもやっているだろうからと、たった一度の指導で済ませてはいないでしょうか。私の経験からいって、中学生でも給食当番の仕方がある程度定着するには五回程度の経験が必要と思われます。毎日給食当番が交代するシステムならば約五週間、一週間ずつ交代するシステムならばすべての班が当番を経験するまで、ゆうに一ヶ月以上は一つひとつ細かな指導を施さなければなりません。

考えてみてください。どこの学校でも、ご飯のときとパンのときと麺類のときとでは、配膳の仕方も片付けの仕方も異なるのです。つまり、一度経験しただけで生徒たちが担任の考えている通りの動き方ができないのは、実は当然のことなのです。

いかがでしょうか。一週間くらいたった頃、もう給食当番は大丈夫だな……と安心してはいないでしょうか。それでは少しずつ少しずつ、ゆるやかに、しかし確実に当番の仕方がくずれていき、六月頃には怒鳴ってしまう……ということになりかねません。

給食指導
10の原則

4

# おかわりは教師がコントロールする

生徒たちのおかわりをコントロールすることは、給食時間において最も大切な指導であるといって過言ではありません。食べたい者が食べたいだけ食べる、という不公平感が生まれてしまうと、学級はすぐに壊れてしまいます。それはもうものすごいスピードで壊れていきます。

「いただきます」と同時に、給食を増やしたい者、欠席者の分を欲しい者が集まってじゃんけんをする。給食をすべて完食した者からおかわりが許される。余った給食は生徒たちが食べているうちに、担任が希望をとりながらすべて配ってしまう。やり方はいろいろありますが、いずれにしても、教師がコントロールすることが大切です。

私の場合は、「男子はすべてを食べた者から、女子はおかわりをしたいものを食べ終わった者からおかわりをしてよい。ただし、おかわりをした場合には給食をすべて完食しなければならない。二度目のおかわりについては担任の許可を得ること。」というルールにしています。私はなまけものなので、担任が忙しくならない方法を採用しているわけです（笑）。

給食指導10の原則

5

# 直接他人からもらうことは許さない

四月、給食初日から目を光らせなくてはならないのは、なんといっても「食べないものをあげる」「欲しいものをもらう」という生徒同士のやりとりを絶対にさせないことです。

女子生徒には「これ食べないからあげるよ」と男子生徒に渡そうとする者がいます。もらった男子生徒も最初のうちは「えっ？　いいの？　ありがとう」などとかしこまってもらっています。この段階では微笑ましい光景に映り、何も目くじらをたてる必要などないようにも思えます。

しかし、これを許していると、生徒たちが新しい学級に慣れた数ヶ月後には「これくれ！」「え〜！　食べようと思ってたのにぃ……」という弱肉強食が始まります。このようなやりとりは、潜在的な「いじめ」であると認識しましょう。

人間の生活を形づくる基本中の基本である「食べる」ということにおいてこのような弱肉強食が認められてしまうと、学校生活のすべてが弱肉強食へと向かっていきます。この雰囲気が出来上がってしまうと、間違いなく学級は崩壊します。

給食指導
10の原則

6

# 班隊形は絶対にくずさせない

これは給食指導に限らないことですが、班で食べさせるにしても号車制で食べさせるにしても、或いは通常の座席のまま前を向いて食べさせるにしても、机同士が少し離れていたり、机が斜めになっていたり、一人だけ班に合流しなかったりといったことは絶対に許してはいけません。

これは徹底しなければいけません。一センチ程度机が離れているだけで注意の対象としましょう。これを見逃していると、次第に机は離れていき、潜在的な「いじめ」へとつながっていきます。また、次第に班に合流するのがいやだ、机を動かすのが面倒だ、という者が現れ始め、それどころか食器の片付けでもないのに立ち歩く者さえ現れかねません。そうなると、給食時間は無法地帯と化していきます。給食時間に全学級をのぞいてみるとわかりますが、中学校にはこういう学級が意外と多いのです。

四月の給食初日から目を光らせ、一度でも見つけたらみんなの前で注意し、「先生はこういう態度を絶対に許さない」と宣言するとともに、その姿勢を一貫させる必要があります。

# 7
# 片付け・おかわり時に廊下を通らせない

四十人近くが教室にひしめく学級で班をつくると、どうしても通路が狭くなります。椅子にかばんをかけている生徒や床にかばんを置く生徒などもいて、通路が通りにくいのです。その結果、廊下側の生徒たちを中心に、おかわりや食器の片付けのときに後ろの戸から出て前の戸から入ってくるという動きを始めます。これも決して許してはいけません。

教師のなかには「そのほうが効率的だから」「確かに通路は通りにくそうだから」とこれを許してしまう人が意外と多いのが実態です。しかし、これを許していると、生徒が給食時間に黙って教室から出ていっても、担任がわからなくなってしまいます。次第に、教師に許可を得ないで手を洗いに行く、教師に許可を得ないでトイレに行く、という現象が起き始めます。こうなったら、担任はもう給食時間中に生徒たちを管理できなくなってしまいます。この現象の萌芽は、実は後ろから前へ、通路がわりに廊下を使わせているところにあるのです。

指導とは、荒れへと向かう可能性をいかに初期段階でつぶしておくかにあると心得ましょう。

給食指導10の原則

8

# 完食指導はほどほどにする

古くから給食指導は完食指導と同義に考えられてきたところがあります。ずいぶんと数は少なくなりましたが、ベテランの先生のなかには、いまでも完食を厳しく指導する方もいらっしゃるようです。給食は生徒たちの体づくりを考えて、いろいろな意味でバランス良くつくられていますから、生徒たちが完食してくれるならそれに越したことはありません。

しかし、ベテランの先生がそれをするのと、若い先生がそれをするのとではイメージが異なるということを念頭に置かなければなりません。大ベテランのおじいちゃん先生が「全部食べなくちゃ」というとその先生の味になるのに、若い先生が「全部食べるのが当然だ」というと〝口うるさい〟になってしまうという傾向は、残念ながら確かにあります。

現在、家庭の食指導の在り方が多様化し、「完食指導」は間違いなく下火の傾向にあります。中学校ではほとんど見られなくなってきている、といっても過言ではないでしょう。それでも、決して悪いことではないので、完食指導はほどほどに……といったところでしょうか。

給食指導
10の原則

9

# 分別指導を徹底する

現在、給食の片付けには分別指導の徹底が求められています。食べ物を残した場合にはどこに入れるのか、牛乳を残した場合にはどこに入れるのか、ストローの袋は？　パンの袋は？　と、すべてが決められています。これを生徒たち全員に守らせなくてはなりません。

もちろん、普通に指導していれば、こうした分別はほぼ間違うことなく生徒たちも取り組めるようになります。問題はふだんは出ないようなメニューが出たときのことです。例えばゼリー。例えばアイスクリーム。こうした場合、デザートのカップはどう処理するのか、スプーンはどう処理するのかといったことが、給食室からメモによって指示されていることが多いようです。必ずこうしたメモには目を通し、生徒たち全員に告げるとともに、最後に指示した通りになっているかどうかをしっかりと確認するようにしましょう。

こういうところが粗雑な担任は、本人の耳にこそ入ってきませんが、給食室で「あの担任はだらしない」「〇年〇組は指導がなっていない」と批判されているものです。

給食指導
10の原則

10

# 常に全体に指導する

給食当番の仕方にしても、食べ方やおかわりのルールにしても、給食の片付け方にしても、常に全体に指導することが必要です。つまり、学級一人残らず、全員に対してです。

給食当番中に配膳をしているある生徒が配膳の仕方について、「先生、○○していいですか？」と訊いてきたとします。そのときに「ダメ」と応えた場合なら特に問題はないのですが、「いいよ」と応えた場合には、それは学級の全員に伝えなくてはなりません。ルールの変更、ルールの確認は、それがどんなに小さなことだったとしても、担任とその生徒だけではなく、学級の生徒たち全員が知らなければならない確認事項なのです。これを蔑ろにすると、小さな変更があちらこちらで次々に生じることになり、生徒たちそれぞれによって細かなところでルールが異なるという状態になってしまいます。そういう状態になると、一部の生徒たちが不満をもち、自分が差別されているのではないかと思うようになる可能性があります。

教師と生徒の信頼関係は、こういう小さな確認の積み重ねによって形づくられていくのです。

## 清掃指導10の原則

清掃は学級がくずれ始めるとき、真っ先にその兆候が見えてくる領域です。掃き掃除が徹底されず、細かなチリやホコリが残っている。棚やテレビの裏など、ふだん使わないところには、ホコリが溜まっていても気にならない。朝から雑に消された黒板で授業を受ける。教室サイドにある連絡黒板に数日前の連絡やいたずら書きが残っている。こんな教室が数多あります。

どれも小さなことといえば小さなことです。しかし、清掃の不徹底のこわさは、生徒たちがその環境に慣れてしまい、慣れていくに従って少しずつ少しずつ、じわりじわりとその精神を蝕まれていくところにあるのです。

清掃当番の動きに不徹底が見られるようになると、まず間違いなく一ヶ月後には頻繁にトラブルの起こる学級になっていきます。二ヶ月後くらいから、学級の成績も落ち始めます。成績上位の生徒たちにはそれほ

10 rules

①役割分担を決める
②常に効率性と公平性のバランスをとる
③教卓・テレビ台等を下げる
④ほうき係に教室の角の意識をもたせる
⑤最後のゴミとりの指導を徹底する
⑥拭き掃除係に棚の角の意識をもたせる
⑦黒板・黒板消しクリーナーの指導を徹底する
⑧簡易清掃は「拭き掃除なし」を基準とする
⑨乱世の意味と期間を明示する
⑩常に全体に指導する

どの変化はありません。急激に成績が下がるのはむしろ成績中位から下位の生徒たちです。清掃の不徹底はこうした普通の生徒たちから「ちゃんとやろう精神」を削ぎ落としていくのです。学級担任は、五月であろうと十月であろうと二月であろうと、四月に指導した通りに清掃活動に取り組ませなくてはなりません。

ただし、清掃活動を中心に学級をつくろうなどと、清掃を大きく捉えすぎてしまうのもまた問題です。清掃は生徒たちにとって決して楽しいことではありません。その点で給食とは異なります。「効率性」と「公平性」とのバランスをとりながら確実に運営していく、それが一般的な清掃活動の姿なのです。トイレ清掃やボランティア清掃の取り組みで成果を上げているのは、多くは学校ぐるみの取り組みであって、学級独自の取り組みではありません。淡々と確実に、当然のこととして取り組む、それが清掃指導の神髄です。

清掃指導10の原則

# 1 役割分担を決める

教室清掃の最後の仕事は、ゴミ箱のゴミを捨てに行くことです。読者のみなさんは、これを生徒たちが押しつけ合っているのを見たことはないでしょうか。或いはそこまで行かなくても、生徒たちが誰がゴミを捨てに行くかを決めるためにじゃんけんをしている、そんな姿ならだれもが目にしたことがあるのではないでしょうか。これも分担を決めれば解消されます。

私が勤めていたある学校では、全校が次のような役割分担で教室清掃に取り組んでいました。

A　…………　回転箒　↓　チリトリ　↓　箒掃除　↓　ゴミ箱のゴミ捨て
B（2名）…　窓開け　↓　机上げ　↓　椅子下ろし　↓　机の水拭き
C　…………　水汲み　↓　テレビ台・OHP台拭き　↓　棚拭き　↓　水捨て
D　…………　黒板二箇所　↓　チョーク受け　↓　窓・カーテン　↓　掃除用具箱整頓
E　…………　モップがけ　↓　モップ掃除　↓　掃除機かけ

必ずしもこの分担が良いというわけではありませんが、分担すること自体はとても大切です。

清掃指導
10の原則

2

# 常に効率性と公平性のバランスをとる

よく役割分担を決めて、年中同じ生徒に同じ仕事をさせる先生を見かけます。しかし、それはあまり感心しません。確かに黒板消しを得意とする生徒に黒板をまかせれば気持ちよいくらいの、完璧にきれいな黒板になります。回転箒の使い方に習熟した生徒がチリ一つない床にしてくれることもあります。「効率性」だけを優先するなら、固定分担制が効率的です。

しかし、固定分担制は、根本的に学校教育として間違っています。当番活動のような「やらなければならないこと」については、すべての生徒がすべての仕事を体験することにこそ意味があるのです。清掃指導は決して、掃き掃除のスペシャリストや黒板消しのスペシャリストをつくる営みではありません。毎回、役割分担を入れ替える等の措置をとり、「公平性」を担保するようにしましょう。

教師は学校生活の様々な場面において、常に「効率性」と「公平性」とのバランスを考えながら取り組んでいくことが必要です。それが生徒たちを成長させていくのです。

清掃指導
10の原則

3

# 教卓・テレビ台等を下げる

教室の前方にある教卓やテレビ台。毎日運ぶには少々重い。おまけに、前に座っている生徒に運べと頼むには、ちょっとばかり重労働が過ぎて頼みづらい。こんな感覚からか、教卓やテレビ台を下げずに箒がけをしている学級が多いようです。しかし、これはいけません。

箒がけというものは、一切物の置かれていないところを掃くからこそ床を綺麗にすることができるのです。教卓やテレビ台がそのまま置かれていては、いくら丁寧に掃いたとしても、どうしてもそのまわりに細かいチリが溜まってしまいます。しかも、一度運ばなくていいものとして認知されてしまうと、担任が「テレビ台のまわりが汚いから、今日はテレビ台を動かしてまわりを掃こう」と言っても、生徒たちも抵抗を抱いてしまいます。いつものならこんなことしないのに、ちょっと損したな……というわけです。しかし、四月から毎日運んでいれば、そういうことはありません。生徒たちにとって当然のこと、つまり「日常」になってしまうからです。

私は教卓とテレビ台を運ぶ係を学級組織に位置づけることにしています。

清掃指導
10の原則

4

# ほうき係に教室の角の意識をもたせる

教室清掃の成否の基準は角にあります。教室の四つ角がしっかりと掃除されているか否か、こういう細かなことを、見る人は見ています。もちろんだれかに見られているから指導するのではありません。公共の場に対してそういう意識をもつ生徒に育てたい、ということです。

四月に、回転箒がけは教室前方の角から力を入れて掃き始めること、壁際や後ろの二つの角にも同じような意識を向けることをしっかりと指導します。そして、四つ角が念入りに掃除されているときには、朝のショート・ホームルームで取り上げて、担当した生徒を具体的にほめるようにします。「〇〇くんは回転箒が折れるのではないかと心配になるくらいに力を入れて念入りに掃いていた」とか「〇〇さんは汗が出るくらいに一生懸命に四つ角を掃いていた」とかいった具合にです。こうした担任の褒め言葉はかなり生徒の意識を喚起します。

ただし、「昨日の掃き掃除は良くなかった」という批判はしないほうが懸命です。短期的には効果があっても、長期的には担任の品位を落としてしまってマイナスになります。

清掃指導
10の原則

5

# 最後のゴミとりの指導を徹底する

教室清掃において最も難しいのは、掃き掃除で集めたゴミをチリトリに集めることです。もちろん大きなゴミについては何の苦労もありませんが、最後の細かなホコリやチリをどこまで、どうやって集めるか……ここに、掃き掃除をする生徒の清掃に取り組む気持ちが表れます。掃除なんて面倒だ……と感じている生徒はある程度集めてしまえば、小さなホコリやチリには見て見ぬ振りをします。なかには足でササッとなでてホコリやチリを見えなくしてしまう生徒さえいます。そういう生徒たちの多い学級は、清掃に限らず、どことなく雑然としているものです。

とはいっても、ほうきとチリトリでホコリやチリを集めるのには限界があります。担任が最後のゴミとりの大切さを強調すれば強調するほど、まじめで丁寧な生徒を困らせてしまう、という現実があります。私の場合、学級に掃除機を用意することにしています。教室に掃除機のない学校では、自腹をはたいて掃除機を購入します。教室が綺麗になり、生徒も喜ぶ。担任が掃除を大切にしていることが生徒に伝わる。これだけそろえば、安い買い物です。

清掃指導
10の原則

## 6 拭き掃除係に棚の角の意識をもたせる

掃き掃除が教室の四つ角を念入りに掃くのと同様、拭き掃除では棚の角に意識を向けさせます。かなり清掃指導の行き届いている学級でも、棚の角に意識が向いている学級は多くはないようです。しかし、棚の角がきれいに拭き掃除されている学級は、まず間違いなく良い学級です。

実は、私は三十代後半になるまでこの意識がありませんでした。私は生徒たちからこのことを教えてもらいました。私が三十代後半から四十代前半にかけて勤務した学校は、校区に児童養護施設がありました。詳しくは書けませんが、哀しく厳しい現実を体験した生徒たちがたくさんいました。そうした生徒たちが拭き掃除をすると、どの生徒もみな、棚の角を念入りに丁寧に拭くのです。もちろん、その児童養護施設の指導でした。細かいところまでしっかりと掃除することを通して、過酷な現実を克服していく取り組みに見えました。

細かなことにこだわることは必ずしも良いことばかりではありませんが、こうした「こだわり」を一つもつことは、人が生きるうえで大切なことでもあるのだと感じます。

7

# 黒板・黒板消しクリーナーの指導を徹底する

学校生活の根幹は、いうまでもなく授業です。教室清掃において、最も授業に直結するのは黒板と黒板消しクリーナーです。黒板が汚いとなんとなく授業に集中力を欠いてしまいます。黒板と黒板消しクリーナーの清掃をしっかり行うように指導することは、学級担任の「授業を大切にする」という構えを、象徴的に生徒たちに伝えることにもなります。

毎日の教室清掃において黒板がきれいに掃除されていると、授業の合間、休み時間での黒板の消し方も丁寧になるものです。自分の学級において、教科担任に気持ちよく授業を行ってもらうためにも、こだわりたい指導の一つです。

校内のすべての学級をまわってみると、三学年のなかに必ず、ものすごくきれいに黒板を消している学級があるはずです。私はそれをしている生徒を自分の学級にゲストとして呼び、全員の前で実演してもらうことにしています。先輩の技術を目の当たりにすると、生徒はそのやり方をまねるようになります。効果抜群です。

清掃指導
10の原則

8

# 簡易清掃は「拭き掃除なし」を基準とする

昼清掃や早めの完全下校などで、簡易清掃と位置づけられる日があります。日常の清掃活動がいいかげんだと、一般に簡易清掃は「清掃」とは呼べない代物になります。机も下げず、椅子を机の上に載せただけで、ごくごく床を簡単に掃くだけ……。そういう簡易清掃が多いようです。

簡易清掃も清掃です。次の日の朝、ちゃんと教室がきれいな状態だけは確保しなければなりません。簡易清掃の場合にも、いつもの清掃から拭き掃除をカットしただけ、という程度にしたいものです。「簡易清掃は『拭き掃除なし』を基準とする」、とはそういうことです。

しかし、これはなかなか難しいものです。日常の清掃時間は二十分。簡易清掃は十分ということが多いのではないでしょうか。ということは、拭き掃除をカットしただけでしっかりと掃き、しっかりと黒板を拭きという清掃を十分で行わなければならない、ということです。

この「簡易清掃は『拭き掃除なし』を基準とする」という原則は、実はふだんの掃除を十五分程度で仕上げるということを意味しているのです。

清掃指導10の原則

# 9 乱世の意味と期間を明示する

学校行事に伴い、清掃活動以上に優先しなければならない活動ができてしまうことがあります。例えば、私が以前勤務していた学校では、合唱コンクールが学校祭に含まれるという形態をとっており、合唱練習が一日三十分しかできませんでした。三十分後には清掃、更に清掃が終わり次第学校祭活動が始まってしまうため、合唱練習の時間は一分たりとも延長することはできません。

しかし、合唱コンクールの練習ですから、やはり毎日ぴたりと時間どおりに終わるというわけにはいきませんでした。どうしても清掃時間に練習が食い込んでしまう、ということが起こるわけです。私はこのとき、「しばらく乱世が続きます。先生は急に清掃を簡易清掃にしたり、学校祭活動後に掃除当番を集めたりと、いつもとは違うやり方をすることがあるかもしれません。しかし、これはあくまで学校祭が終わるまでの期間限定の乱れです。ですから、みなさんの清掃に対する気持ちまでだれてもらっては困ります。」という言い方をしました。こうした教師の掟破りについては、生徒たち全員にその意味と期間とをしっかりと明示することが必要です。

清掃指導
10の原則

10

# 常に全体に指導する

給食指導でも述べましたが、当番活動や係活動におけるルールの変更やルールの確認については、それがどんな小さなことでも、学級の生徒たち全員が知らなければならない確認事項にあたります。教師がこの構えをもつことは、教師と生徒との信頼関係を築く上で最も大切なものといっても過言ではありません。

私の場合、清掃当番の仕方は、四月の最初の週に、つまり清掃当番が一周するまで、常に学級の生徒たち全員を残して、掃除の仕方を見せながら確認するようにしています。教室の四隅はどのように掃くのか、教室の棚はどのように拭くのか、机は何を基準にどう並べるのかといったこまごまとした事柄について、どのようにすれば合格であり、どのようにすれば注意を受けたりやり直しを求められたりするのか、全員の前で確認するようにしています。

年度当初に細かなことまで全員で確認しておくと、一年間、清掃活動がくずれるということがなくなります。きっと、清掃の意味や意義もそれなりに伝わるからなのでしょう。

# ショート・ホームルーム10の原則

朝読書が普及して以来、朝の学活を五分間とする学校が増え、かつての一分間スピーチをはじめとする豊潤な取り組みが影を潜めつつあります。朝読書はもちろん意義ある取り組みですが、かつての朝学活で生徒たちと「さあ、一日のスタートだ！」と様々に取り組んだ実践の数々も尊いものでした。ほとんどの中学校で朝の学活が連絡だけになってしまっているとすれば、それは寂しいことです。

朝学活・帰り学活の、いわゆる「ショート・ホームルーム」は、朝は一日のスタートとして、帰りは一日のまとめとして、学級担任がその能力を発揮しつつ、生徒たちとの人間関係を構築していくための大切な場と位置づけられてきました。朝読書の普及と六時間授業の増加によって、朝・帰りともにショート・ホームルームを五分間とする学校が増えている現実を私は苦々しく感じている一人です。

10 rules

①聞く姿勢をつくる
②時間前に教室に入る
③朝読書は絶対に乱さない
④挨拶の声・司会の声を意識する
⑤日直・係・委員を活かす
⑥提出物はその場で処理する
⑦見通しをもたせる
⑧時事問題に触れる
⑨ミニコーナーをつくる
⑩時間意識をもつ

ショート・ホームルームは一言でいえば、学級担任にとって、次のような場です。

学級担任が自らのものの見方、感じ方、考え方を通してメッセージを毎日語り続けられる唯一の場

かつては生徒たちに時事問題を題材とした一分間スピーチをさせて、生徒のスピーチ内容を取り上げながらその話題について熱く語る担任や、毎朝五分間の読み聞かせを生徒たちに施しながら、「今度は何を読み聞かせようか」という本選びそれ自体がその担任の教師としての在り方をまさに具現している……そういう学級担任がたくさんいたのです。行事や学活・道徳・総合のようにダイナミックな取り組みこそできませんが、ショート・ホームルームは短時間ながらも毎日必ず保障される時間であるだけに、継続的な取り組みが行事以上に実を結ぶ、そんな時間なのです。

ショート・ホームルーム
10の原則

1

# 聞く姿勢をつくる

いわゆる「朝の会」にしても「帰りの会」にしても、ショート・ホームルームは生徒たちの学校生活に大きな影響を与えています。特に学校の根幹をつくるといっても過言はない、生徒たちの「聞く姿勢」をつくるということに、ショート・ホームルームは大きく寄与しています。

九十年代以降、ワークショップ型授業や体験型学習が奨励され、いわゆる「経験主義的」な学習活動が重視されるようになりました。二十一世紀になって、その傾向がかなり強くなり、現在もそのベクトルは現在進行形で進んでいます。これには賛否両論がありますが、学校のシステム自体はまだまだ座学中心に構築されている、という現実があります。とすれば、やはり学級担任として、多くの教科担任が困らないように、自分の学級に「聞く姿勢」をつくることが重要です。

連絡が終わったからと言って「おしゃべりタイム」にしたり、ましてや廊下から出なければ立ち歩いても構わないとする対応はまずいと心得るべきです。それが毎日続くわけですから、生徒たちの日常的な姿勢・態度に影響を与えないはずがないのです。

ショート・ホームルーム
10の原則

2

# 時間前に教室に入る

朝の打ち合わせが伸びたり、直前に電話がかかってきたりといった理由で、どうしてもショート・ホームルームに時間通りに行けないということはだれしもあるものです。しかし、それが多すぎるのは問題です。もしも、平均して週に一回以上そういうことがあるのだとすれば、それはなんとしてでも「時間前に教室に入る」という心構えをもったほうがいいでしょう。多くの学級担任が時間どおりに朝の会や帰りの会に行けていないとしたら、それは学校全体で時程を変えるくらいの大改革が必要になります。

朝の会で時間前に教室に入ると、色々なことがわかります。例えば、三分前に毎日教室に入ることができたら、遅刻ぎりぎりに登校する生徒を目にすることになります。登校時間の早かった生徒がある時期から遅刻ぎりぎりに登校するようになった……こういう情報をつかんでいれば、二者面談をして事情を聞いてみようということになるのではないでしょうか。そのほかにもちょっとした時間で生徒と談笑したり、寝不足の生徒を発見したりと、生徒理解に役立つものです。

ショート・ホームルーム 10の原則

# 3 朝読書は絶対に乱さない

いわゆる「朝読書」の取り組みは九十年代末から普及し始め、いまではかなり多くの地域で行われています。しかし、定着しているか、機能しているか、という視点で見たとき、現実的にはまだまだ心許ない状況があります。

「朝読書」は朝の会で「聞く姿勢」をつくるのと同様、落ち着いた気持ちで学校生活を送るために、朝の十分間を読書を通じてクールダウンさせようとする試みです。もちろん読書指導の機能も狙ってはいるのですが、もともとの普及の経緯にはクールダウンの機能が大きかったのです。

従って、学級担任として「朝読書」に臨む場合には、①生徒たち全員が本を読む、②生徒たち全員が一言も発しない、③担任も読書をする、という三点は絶対に崩してはいけません。①②は「朝読書」のルールとして、③は担任もその姿勢を示すことによって朝読書にふさわしい空気をつくるために必要なことです。よく、生徒たちが読書をしているかどうかと監視している担任を見かけますが、初期指導としてならともかく、一年中そのような姿勢というのではいけません。

ショート・ホームルーム
10の原則

# 4 挨拶の声・司会の声を意識する

生徒たちの声が教室に響かなくなった、といわれて久しく時間がたっています。しかし、これではいけません。

まずは、教師が大きな声で挨拶をし、はきはきと話すことで、「あるべき姿」を示し続けることが必要ですが、これを基盤として「姿勢」「呼吸」「発声」「口形」の四点を指導する必要があります。「姿勢」とは①背筋を伸ばし、②胸を張り、③あごを引き、④肩の力を抜く、というい わゆる「安定した自然体」を基本として指導すること。「呼吸」とはしっかりと息を吸って発声すること。最近の生徒は息をちゃんと吸わないで声を出していることが多いので、これは効果的な指導です。「発声」とは、ふさわしい発声はその場の広さとその場にいる人数によって決まること。体育館と教室とでは当然ふさわしい声の大きさは異なりますし、二人で話しているときと学級全員に話すときとでもふさわしい声の大きさは異なります。「口形」は口を開けて一音一音をしっかり発音することですが、これができない生徒が最近増えているので要注意です。

ショート・ホームルーム
10の原則

5

# 日直・係・委員を活かす

学校によって、或いは学級担任によって、ショート・ホームルームの司会者は日直がやる場合もあれば学級代表がやる場合もあります。しかし、いずれにしても、教師が進めたり、決まった係がないというようなことは避けなければなりません。ショート・ホームルームは学級をシステムマティックにつくっていく上で、一つの核になります。できれば日直に司会をさせて、学級の生徒たち全員が分担する仕事として位置づけるのが良いのではないでしょうか。

ショート・ホームルームのプログラムも担任によって異なるのが一般的ですが、プログラムの中に係の仕事を位置づけてしまうと、学級運営がかなり機能的になっていきます。例えば、欠席・遅刻・早退の確認をするのは生活係（委員）にするとか、今日の掃除当番を発表するのは保健係（委員）にするとか、学級掲示用プリントを掲示するのは文化係（委員）にするとかいった取り組みです。学級組織においてこのように毎日決まった仕事があるということは、学級運営のシステムをつくる上でとても大切なことなのです。

ショート・ホームルーム
10の原則

6

# 提出物はその場で処理する

よく、空き時間に朝の会で集めた提出物を処理している担任を見かけます。だれが提出しているかを名簿にチェックしているわけです。空き時間をこのようなことに費してしまうと、校務分掌上の文書をつくったり学級通信を書いたりといった、まとまった時間を必要とする仕事が中途半端になってしまいがちになります。しかし、提出物の名簿チェックはしないというわけにはいきません。では、どうすればいいでしょうか。

私は毎朝、朝の会で提出物を提出させるときに、その場で処理しています。例えば、「まず、学級写真代を集めます。」と集めるものを限定し、生徒に「青木です」「碓井です」「小熊です」と言いながら教卓の上に置くように指示します。教師は名簿のチェックに集中することができます。その日に複数の提出物がある場合には、「次に○○を集めます」と同じことを繰り返せばいいわけです。最後に、「写真代の締め切りは明日だから、まだ出してない五十嵐と石崎と大川は必ずもってくるんだぞ」と念を押すこともできます。

ショート・ホームルーム
10の原則

7

# 見通しをもたせる

朝の会にしても帰りの会にしても、ショート・ホームルームの最大の目的は「見通しをもたせる」ということです。朝の会なら今日一日の見通しをもたせること、帰りの会なら明日の見通しをもたせることが最も大切なのです。

ところが、朝の会は連絡のみ、帰りの会は掃除当番の確認くらいしかせずに、時間を余している担任が少なからずいるのが現状のようです。連絡や確認だけではなく、学級担任が生徒たちにこのように取り組んで欲しいという姿を描写・説明しながら、できるだけ具体的に話して聞かせることが必要です。

朝の会にも帰りの会にも、必ず「先生のお話」というコーナーがあるはずです。朝の会では今日一日をどのように過ごして欲しいのか、帰りの会では明日一日はどんな一日になるのか、学級担任が自分の言葉で、自分のキャラクターを活かしながら語り続けることが大切です。こうした取り組みを毎日続けていくことによって、生徒たちに「聞く姿勢」をつくっていくのです。

ショート・ホームルーム
10の原則

# 8 時事問題に触れる

朝の会にしても帰りの会にしても「見通しをもたせる」だけで担任の話が終わるのは味気ないものです。残り時間が一分なら一分で、三分なら三分で、教師は時事問題について自分の考えを示しながら、それでいて決めつけることなく、できれば生徒たちに考えさせることを目的として話せる必要があります。新聞やテレビ、インターネット上で話題になっていることについて、ちょっと気になったことや生徒たちにも教えてあげたいなという話題を、ふだんから収集しておき、いつでもどこでも話題提供できるようにしておきましょう。

いじめ自殺、中高生による大きな事件、日本国中が沸いているようなスポーツイベントなどについては、ショート・ホームルームといわず、道徳や学活時間の予定を変更してでも扱うくらいの心構えが必要です。

ただし、こうした時事問題を担任の先生がどう扱ったかについては、間違いなく保護者も関心を抱きますので、不適切な発言や配慮に欠ける発言には気をつけなければなりません。

ショート・ホームルーム
10の原則

# 9 ミニコーナーをつくる

最近、「朝読書」の流行から朝の会が五分という学校も増えてきていますが、朝の会・帰りの会がそれぞれ十分あるという場合には、ミニコーナーをつくるのも一案です。日直が今日の新聞・テレビから時事問題について一分間スピーチをしたり、学級担任が毎日五分程度の読み聞かせをしたり、といったミニコーナーです。

私の場合、二ヶ月程度をかけて一つの小説を読み聞かせたこともありますし、テレビ番組「ごきげんよう」の真似をして「痛い話」「笑っちゃった話」などのサイコロをつくって、日直にその場でその話をさせたこともあります。また、学級に中国籍の生徒がいたときには「○○○（生徒名）の中国語講座」と題して、毎日、みんなで一つずつ中国語を覚えていったということもありました。

いずれにせよ、こうした取り組みは、①学級担任が生徒たちにどのような生徒に育ってほしいのか、②学級にどのような得意技をもった生徒がいるのか、の二つの兼ね合いで決まります。

ショート・ホームルーム
10の原則

# 10

# 時間意識をもつ

原則②（P105）とも関連しますが、ショート・ホームルームに限らず、学級担任が時間を日常的に守ることによって、時間に対する意識の範を示すことはとても大切です。しかし、一般に多くの教師は、開始時間については意識が高いのですが、終了時間については意識が低いようです。授業が延びたり帰りの会が延びたりというのがそれです。

授業にしてもショート・ホームルームにしても、時間を延ばすというのはよほどのことがない限り、してはいけないことだという構えが必要です。休憩時間は生徒の権利であると心得ましょう。また、担任がいつも時間を延長していると、それが生徒たちの時間意識を乱していくということにも配慮しましょう。

そのほかに、ショート・ホームルーム中にいわゆる「隙間時間」をつくらないことにも配慮しなければなりません。例えば、忘れ物を職員室に取りに行ったり、ある生徒と個人的な話を長く続けて、その他の生徒たちが放っておかれたり、という時間は極力避けなければなりません。

# ……リーダー育成10の原則

「リーダー性のある生徒が少なくなった……」

そんな声をよく聞きます。確かに、そんな気がします。かつては学級や学年を仕切る生徒、いわゆる「仕切り屋」がいました。しかし、そんな「仕切り屋」が教室から消えてしまった……というわけです。

しかし、ここで生徒の立場に立って考えてみましょう。私たちはリーダー生徒について、あまりにも教師の側ばかりに都合良く考えてはいないでしょうか。もっといえば、教師が楽をできるような、「先生のお手伝い係」としてリーダー生徒を使ってはいないでしょうか。委員会活動の仕事の多くは、日常の点検活動だったり、掲示物の整備だったり、図書館の受付や貸し出しだったり、どれもこれも面倒な仕事ばかりです。しかも、それは完全なボランティアで、何か代償があるわけでもありません。

こう考えてみましょう。あなたが校長先生に毎日小

10 rules

①指導より感化の意識をもたせる
②負担をかけすぎない
③ノー原稿スピーチを定着させる
④取り組みの先頭を切らせる
⑤スポットライトを浴びさせる
⑥縁の下の力持ちも経験させる
⑦人前で馬鹿をやらせる
⑧雰囲気の醸成こそ仕事と意識させる
⑨ＰＤＣＡを徹底する
⑩常に置き換え思考を心がける

さな仕事があるような、面倒な仕事を依頼される。その仕事はみんなにあるわけではなく、あなただけにある。しかもそれは校務分掌にも位置づけられていない、完全なボランティアである。あなたはその仕事を快く引き受けられるでしょうか。委員会活動は生徒にとって、そういう仕事なのではないでしょうか。もちろん、ボランティアだからしなくていいと言いたいわけではありません。ただ、私たち教師は、もう少し生徒の立場を理解した上でこうした生徒にあたるべきだと言っているのです。

このことは、学級のＰＴＡ役員の選出にもいえることです。生徒だって保護者だって、「ああ、面倒な仕事だったけど、やって良かったな」というやり甲斐を感じれば、次も「やってもいいかな」と思うのです。逆に言えば、教師には、「やった甲斐」を感じてもらえるようにする責任がある、ということなのです。

リーダー育成10の原則

1

# 指導より感化の意識をもたせる

小学校時代からそのように指導されてきているからか、それとも担任教師をモデルにしてきたからか、リーダー性の高い生徒たちは一般に、ほかの生徒を指導することによって学級をまとめなければならない、というイメージを抱いて中学校に上がってくるようです。それがさまざまな場面でトラブルを招きます。

能力的に低くてしっかりと取り組めない生徒、当番活動中にもおしゃべりに花が咲く生徒、仲の良い友達が他学級にいるために給食当番なのになかなか教室に戻ってこない生徒、などなど、学級にはいろいろな生徒たちがいます。リーダー性が高いといわれる生徒たちには、こうした生徒たちを一方的に責めることによって改善させようとする傾向が見られます。これがトラブルを招きます。賞罰によって当番活動や係活動を動かそうとするのも、こうした生徒たちの特徴です。

リーダーには指導力よりは感化力のほうが大切であるという話を、まずはリーダー生徒たちにじっくりと話して聞かせることが必要になります。

リーダー育成10の原則

2

# 負担をかけすぎない

学級担任が学級代表や学級議長の生徒たちになんでもかんでも仕事を任せる、という事例が多く見られます。しかし、学級代表はあくまで、学級を代表して生徒会の会議に出席し、生徒会からの連絡を学級に伝えるとともに、学級の意見を生徒会に上申することが本来の仕事です。また、学級議長は学級会の議事進行を円滑に進め、学級の意見をまとめるのが本来の仕事なのです。こうした本来の仕事がしっかりできているならまだしも、これらの仕事もままならないうちに、行事があるたびに責任者の任を負わせてどんどん仕事を増やしていくのは、リーダー生徒に過剰な負担をかけるだけです。もちろん、この生徒に育って欲しいという学級担任の意図はわかります。しかし、こうしたなんでも中心になって動ける生徒というのは、学校に一人か二人しかいない、いわば「スーパーリーダー」なのだと意識する必要があります。

最近、中学校一年生において、年度当初に学級リーダーとして動いていた生徒が二学期後半から不登校になる事例が増えています。担任の責任が小さいとは決していえません。

リーダー育成
10の原則

3

# ノー原稿スピーチを定着させる

常に高い理想をもって生徒を育てることが必要です。集会等での登壇機会には、原稿を読ませるのではなく、必ず話す内容を暗記させて臨ませる。学年が上がるにつれて、原稿を書くのではなく、内容メモ程度を書かせるだけで自分の言葉でスピーチを行わせる。こうした取り組みがリーダー生徒に自覚を促します。

目処として、次のような大まかな段階を意識すると良いでしょう。

【一年生】　原稿を書かせて暗記させてスピーチさせる。

【二年生】　原稿は書かせるが、暗記させるのではなく、聴衆の反応を見ながら臨機応変にスピーチさせる。

【三年生】　内容項目のメモ程度のものを用意させるだけでスピーチさせる。

もちろん成長の早い生徒には次の段階を先取りさせて構いません。また、こうした取り組みは、スピーチを聞く側の一般生徒にも「聞く姿勢」をつくらせます。

リーダー育成
10の原則

4

# 取り組みの先頭を切らせる

例えば行事で歌う楽曲の練習に先んじて取り組ませる、総合の体験学習の下見に同行させるなど、一般生徒の先頭を切っているという意識をつくることが必要です。そうした意識が責任感をもたせることにつながります。

しかし、取り組みの先頭を切らせることの目的は責任感をもたせることだけではありません。リーダー性にとって最も必要なことは何でしょうか。それはすべての仕事をうまくこなす能力ではありません。それでは、音楽が得意な人しか合唱コンクールのリーダーはできない、サッカーやバスケットボールの得意な生徒にしか球技大会のリーダーはできない、ということになってしまいます。むしろ様々な行事や学習においてリーダーに最も必要なことは、取り組みの全体像、言い換えるなら、その行事の事前の取り組みから当日、事後の反省の仕方に至るまでのすべてを把握している、ということなのです。その意味で、取り組みの先頭を切らせて、一歩先んじて取り組ませておくことはリーダー育成にとって必要不可欠なことなのです。

リーダー育成
10の原則

5

# スポットライトを浴びさせる

リーダー生徒には「お得感」を抱かせることが必要です。私は学年協議会のプロモーションビデオ（以下「ＰＶ」）をつくって学年集会で上映するなどとの試みを続けています。

上の写真は平成二十年度学年協議会のＰＶの一カットです。スピッツの九六年のヒット曲「空も飛べるはず」をＢＧＭに生徒たちの表情を追う、ＴＶドラマ「白線流し」（フジテレビ）のオープニングを真似たものです。

こうしたＰＶをつくり、学年集会や学校祭等で上映することによって、また完成したビデオはＤＶＤに焼いて本人に渡すことによって、生徒たちだけでなく保護者も含めて、リーダーになったことを良かったと思ってもらえます。もちろん、想い出づくりとしても一役買うことになります。

リーダー育成
10の原則

6

# 縁の下の力持ちも経験させる

学級代表や学級リーダーは、多くの行事で華やかな舞台にばかり立つことになります。修学旅行では全体の企画・運営、学年集会ではみんなの前でスピーチ、文化祭では演劇の主役、合唱コンクールでは指揮者……といった具合です。しかし、ともするとこうした活動がリーダー生徒のエゴを肥大化させてしまう、ということもあるようです。

そもそもリーダーというものは、自分が目立つのが仕事ではありません。あくまでも、常に全体のことを考え、全体のためになるように学級を運営していくことが仕事です。その意識をもたないリーダーは、実はリーダーではなく、単なる目立ちたがり屋に過ぎません。

こうした「目立ちたがり屋」タイプのリーダーには、年に一・二度、表舞台には立たない「縁の下の力持ち」をさせると良いでしょう。例えば、ピアノが弾けるにもかかわらず男子の音取りの伴奏者に徹する、演劇の主役を担う力量があるのに演出や音響に徹する、こうした働きを意図的に担わせるのです。これにより「全体を見る目」を高めることができます。

リーダー育成10の原則 7

# 人前で馬鹿をやらせる

逆に、まじめ一辺倒のリーダー生徒には、逆の発想で育てます。ときにはユニークな学年集会を開いて学年生徒全員を楽しませる役回りを担わせたり、学校祭で笑いをとる役目をさせたりといったことを体験させ、「人前で馬鹿になれる」構えをもたせると大きく成長します。まじめなだけのリーダーにいまの生徒はついていかない風潮があるからです。

私の場合、気の小さな生徒には早いうちに大舞台を踏ませることを心がけています。年度当初から人前で話す機会を頻繁に設ける、ユニークな学年集会を開催して登壇させるなどの試みです。それも付きっきりでしっかりと練習を重ね、リハーサルを繰り返すことによって、「成功体験」を積み上げていくことが重要です。

こうした〈潤い系〉の取り組みは、万に一つの失敗もあり得ないというくらいに、完璧な自信を抱かせて登壇させる必要があります。成功が人を成長させるのです。この原理には、リーダーも一般生徒も違いはありません。

リーダー育成
10の原則

8

# 雰囲気の醸成こそ仕事と意識させる

ある年の合唱コンクールでの出来事です。練習が佳境に入り、指揮者・伴奏者をはじめとするリーダーたちは、完成度を少しでも高めようと躍起になっていました。しかし、どうしても声が出ない、音が少しだけはずれてしまう、そんな生徒たちが何人かはいるものです。リーダーたちはこの生徒たちを説諭し、居残り練習をさせようという取り組みを提案しました。

私はこの取り組みを即座にやめさせました。

「きみたちはリーダーの仕事を勘違いしている。きみたちは歌が得意だから合唱コンクールのリーダーになっています。自分にできることがすべての人にできるとは限りません。こんなふうに考えてみましょう。体育の苦手な人が球技大会のために自分だけ居残り練習させられる、そんなことがあったら、その人は球技大会がいやになってしまうのではないでしょうか。リーダーの役割は、下手な人、苦手な人を指導することではありません。学級全体に良い雰囲気をつくることこそが一番の仕事なのです。」

リーダー育成10の原則

9

# ＰＤＣＡを徹底する

旅行的行事に顕著なのですが、一般に学校現場には、企画段階や準備段階においては教師も生徒も一生懸命に取り組むのですが、事後の反省が不十分……という傾向があります。旅行的行事のあと、確かに全生徒に反省アンケートをとり、作文も書かせてはいるのですが、それを活用することはほとんどない。せいぜい作文の中から何点かいいものを選んで学年便りや学級通信に掲載するという程度。アンケートにいたっては集計さえしない。みなさんの学校もそうはなっていないでしょうか。

企画して運営するだけでなく、細かく反省をさせて、次への課題を明確にすることに力を注ぎましょう。アンケートはしっかりと集計して全体に結果を提示し、次の行事に向けての課題を全体で共有する。できれば学年集会を開いて、リーダー生徒がアンケートの集計結果をもとに反省の弁と次への課題を述べる。こうしたＰＬＡＮ・ＤＯ・ＣＨＥＣＫ・ＡＣＴＩＯＮのシステムを意識させると、集団として少しずつ質の高まりが見られるようになります。

リーダー育成
10の原則

# 10 常に置き換え思考を心がける

リーダー生徒に接する場合、「リーダーなんだからこれくらいはして当たり前だ」という姿勢で接していませんか。また、先生のお手伝い係として雑用ばかりさせていませんか。

こういうふうに考えてみましょう。職員室で学校長から「あれもやれ、これもやれ」と言われたら、あなたはどう思うでしょうか。自分の校務分掌ではない仕事を人手が足りないからといつもやらされて、自分の仕事が後回しになってしまうとしたら、あなたはどう感じるでしょうか。

学級会や委員会で発言しない、企画を出さないというリーダー生徒がいます。教師はそれを責めることがあります。しかし、あなたは職員会議で活発に企画を提案し、建設的な意見を述べているでしょうか。生徒たちの姿は職員会議でのあなたの姿と重なりはしないでしょうか。

「置き換え思考」とはこういうことです。常に自分だったら……を考えて、リーダーに無理な注文を出しすぎないように心がける、ということです。教師がこの姿勢を心がければ、リーダー生徒と教師との関係が円滑になっていくものです。

# ……学力の向上10の原則

学級経営と成績には相関がある。自分の学級の成績が下がったのに自分の学級に変化が見られていないとすれば、そこには担任が気づいていないだけで何かがある。真剣に原因を突き止める努力をしてみたほうがいい。これは私の大学時代の師匠の言葉です。いわゆる「現場上がり」の大学教員で、私の研究・実践の基礎を築いてくれた恩師です。

確かに中学校では生徒たちに各教科の学力をつけてくれるのは教科担任です。また、その責任を負っているのも教科担任といえるでしょう。しかし、いわゆる学級担任です。「学習に取り組む姿勢」をつくるのは、紛れもなく学級担任です。学級担任が学習を大切にする姿勢を示せば生徒たちは必然的に学習を大切にしますし、その逆も同様です。このことは生徒も保護者もなかなか気づかないことなので、小学校の先生のようにはあまり指摘されることがありません。しかし、担任の力量を測

**10 rules**

**①四月段階でレディネスを把握する**
**②家庭学習帳を担任がチェックする**
**③家庭での時間の使い方を意識させる**
**④テスト計画表づくりのモデルを示す**
**⑤具体的な反省を促す**
**⑥戒めの言葉をかける**
**⑦独自の取り組みをもつ**
**⑧放課後の補習を行う**
**⑨勉強の仕方を教える**
**⑩保護者との情報交換を密にする**

る指標の一つになる、と私は考えています。

学年主任をしているときのことです。四月に行われるテストの平均偏差値と二月に行われる学年末テストの平均偏差値とを全学級について比較していました。私の目から見て良い指導が行われているなと思われる学級は、生徒たちの平均が明らかに伸びていましたし、そうでない学級は明らかに下がっていました。それも偏差値にして三とか五とかいう大きな変動です。しかも平均ですから、一人当たりの変動なのです。事の重大さがわかるはずです。

担任が女子生徒を苦手としてという学級では女子だけが落ち込んでいましたし、男子をまとめきれない担任の学級では男子生徒が下降していました。私はそれ以来、このデータだけは必ず分析するようにし、成績を向上させている担任のやり方を参考にするようにしています。

学力の向上
10の原則

1

# 四月段階でレディネスを把握する

まず、学力の向上において何よりも大切なのは、学級開きから数日の段階で生徒たちのレディネスを把握することです。これをせずに学級運営を進めていくと、定期テストが終わって初めて「こいつ、こんなにできなかったのか……」ということになりかねません。

特に新入生は、小学校の漢字、九九、通分など、基礎的なことが身についていないために学力がつかないという生徒たちが一定程度います。このレディネス把握を怠ると、その後の指導が教師にも生徒にもきつくなっていきます。特に「特別な支援を要する生徒」については早めに把握しなければなりません。四月段階で生徒たちの現状を把握し、すぐに本人との面談を行い、必要とあらば家庭訪問を待たずとも保護者と連絡をとって面談を行う、そうした迅速な対応が必要です。

年度当初の学力テストなど、レディネス把握の手立てを学校体制で整えるのが良いのですが、そうしたシステムがない場合には、学級担任として独自に動きましょう。

学力の向上
10の原則

2

# 家庭学習帳を担任がチェックする

多くの生徒は自分なりのやり方で「勉強したつもり」になっています。家庭学習帳（できれば教科別がいい）の提出を課し、どんなふうに家庭学習を行っているのかを担任として把握することが必要です。目的は三つあります。

一つ目に、家庭学習の実態を把握できる、ということです。最近の生徒たちの中には、家庭学習をまったくしないという生徒が増えてきています。この状態は中学校のできるだけ早い時期に是正しなければなりません。入学直後、年度当初の指導がとても大切です。

二つ目に、家庭学習習慣を身につけさせるのに寄与する、ということです。もちろん、家庭学習帳を貸したから家庭学習の習慣が身につく、という簡単なものではありません。しかし、家庭学習の提出を課す場合と課さない場合とでは、その定着率に歴然とした差が出るものです。

三つ目に、提出を義務づければ、家庭学習を効果的に行っている生徒のノートを、モデルとして学級に紹介して共有化させられる、ということです。これは非常に効果的です。

## 3

# 家庭での時間の使い方を意識させる

テレビやゲームに費やす時間はどのくらいか、睡眠時間はどのくらいか、家庭学習時間はどの程度確保されているのか、こうしたことを適宜把握したいものです。

私はこのようなワークシートを用いて、学期に二回程度ずつチェックしています。想像以上にいろいろなことがわかり、教育相談や期末懇談の資料とすることもでき、かなり重宝しています。面談が実態に即した、かなり具体的なものになっていきます。保護者にとっても意外な発見があるようで、効果の高い方法といえます。

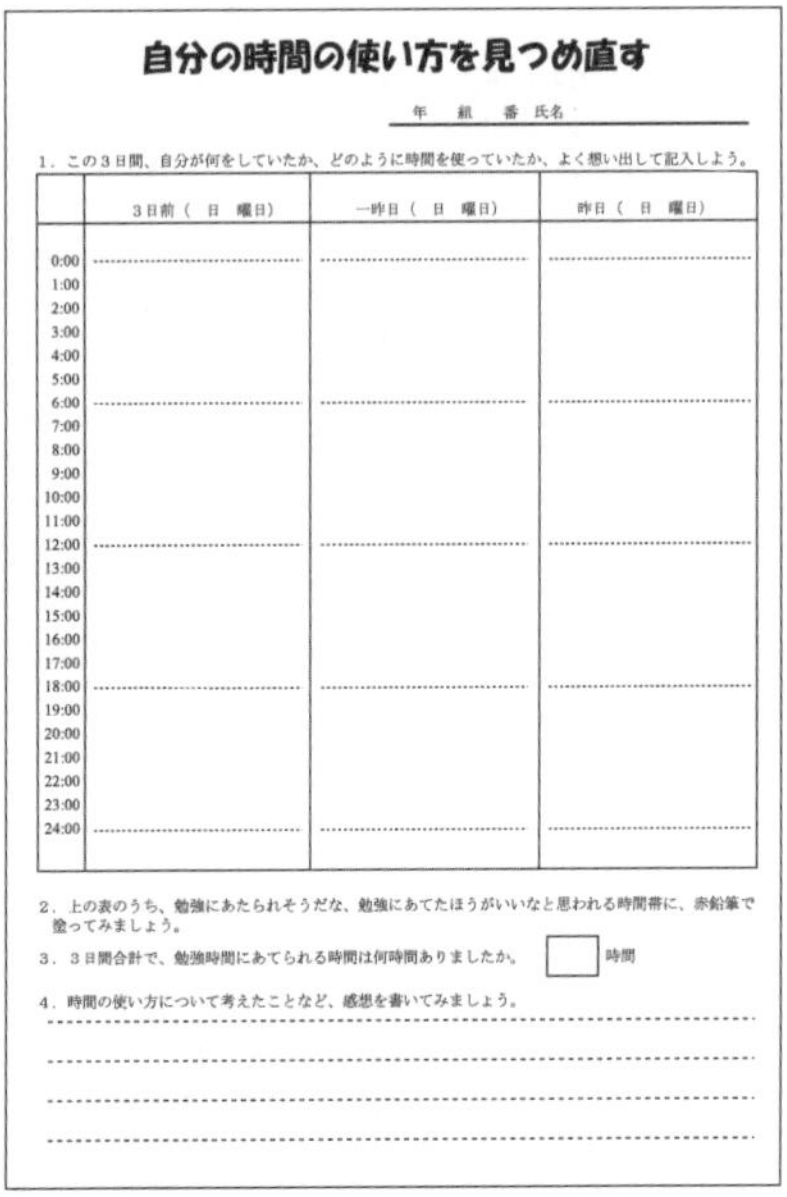

自分の時間の使い方を見つめ直す

年　組　番 氏名

1．この３日間、自分が何をしていたか、どのように時間を使っていたか、よく想い出して記入しよう。

| | ３日前（　日　曜日） | 一昨日（　日　曜日） | 昨日（　日　曜日） |
|---|---|---|---|
| 0:00 | | | |
| 1:00 | | | |
| 2:00 | | | |
| 3:00 | | | |
| 4:00 | | | |
| 5:00 | | | |
| 6:00 | | | |
| 7:00 | | | |
| 8:00 | | | |
| 9:00 | | | |
| 10:00 | | | |
| 11:00 | | | |
| 12:00 | | | |
| 13:00 | | | |
| 14:00 | | | |
| 15:00 | | | |
| 16:00 | | | |
| 17:00 | | | |
| 18:00 | | | |
| 19:00 | | | |
| 20:00 | | | |
| 21:00 | | | |
| 22:00 | | | |
| 23:00 | | | |
| 24:00 | | | |

2．上の表のうち、勉強にあたられそうだな、勉強にあてたほうがいいなと思われる時間帯に、赤鉛筆で塗ってみましょう。

3．３日間合計で、勉強時間にあてられる時間は何時間ありましたか。　□ 時間

4．時間の使い方について考えたことなど、感想を書いてみましょう。

※「学級活動ワークシート」（学事出版より近刊予定・CD付）に収録

学力の向上
10の原則

4

# テスト計画表づくりのモデルを示す

「テスト計画表の作り方がわからない」「どのように書けば良い計画表になるのかがわからない」という生徒たちが増えてきています。テスト計画表というものは、家庭学習習慣と連動してつくられるものですから、こうした生徒たちも最近どんどん増えてきています。

こうした生徒たちへの対応策として、具体的に記述している生徒のものを良い見本として配付し、書き方・作り方のモデルとするのがよいでしょう。教師が一人ひとりに対応して指導していたのでは時間がかかりすぎます。まずは良いモデルを示して、全体の底上げを図ります。多くの生徒たちはそれを真似ることで自分で対応できるようになります。教師はあくまで、それでもできない生徒に対して個別指導をする、というスタンスをとるのが効率的です。

できれば、モデルはタイプの異なるものを五種類くらい配付するのが効果的です。教科書をまとめるタイプ、最初からワークや問題集に取り組むタイプ、試験範囲をサッと見通した後に苦手箇所を克服していくタイプ、等々、学習方法が一つではないことが生徒たちにも伝わります。

5

# 具体的な反省を促す

定期テストの結果が出たら、成績の下がった生徒とはなんとか時間をつくって二者面談をしなくてはなりません。その際、どのくらいの学習時間でこの結果だったのか、どのように学習に取り組んでこの結果だったのか、定着の手立て（繰り返し）はとったのかなど、できるだけ具体的に分析させ反省させることが大切です。

生徒たちはテストが終わると、結果だけを見て成否を判断し、それで終わってしまいます。教師同様、生徒たちも行事や部活、習い事に忙しいですから、なかなか終わってしまったテストを振り返るという機会はもてません。しかし、だからこそ、担任が二者面談の機会をつくって、じっくりと反省させることが必要なのです。

この取り組みは、生徒たちのテストへの取り組み方を向上させるのにかなり効果があります。特に、努力家タイプで一年次には成績が良かったのに、学年が上がるにつれてじりじりと下がっていくタイプの生徒たちには、かなりの効果を発揮します。

学力の向上
10の原則

6

# 戒めの言葉をかける

前回のテストで成績の上がった生徒たちは、どこか安心している傾向があります。言葉は悪いですが「なめている」ところが見られるのです。これを戒めるために、テスト三週間前を目処に戒めの言葉をかけましょう。

「先生の経験からいうとねえ、一回頑張って成績の上がった人間は、次のテストはなんとなく気が抜けちゃって下がることが多いんだよねぇ。そんなふうにならないように、前回のテストのときと同じ緊張感をもって、そろそろ始めなきゃダメだぞ。」

こんな感じです。

この声かけは三週間前というのがミソです。担任にこういう声をかけられても、普通の生徒は「なるほど」とすぐに取り組むわけではありません。なんとなく頭の片隅に引っかかっていて、「ああ、先生の言うように、ちゃんとやったほうがいいかもな」となるまで、一週間程度の熟成時間があるものです。それでも二週間が確保できる、それがこの時期なのです。

学力の向上
10の原則

7

# 独自の取り組みをもつ

学級全体に基礎学力不足が見られる場合には、朝自習や帰り学活内の五分を使ってのプリント学習など、独自の取り組みをしたいものです。学年全体で、或いは学校全体で取り組めればなお良いでしょう。

プリントを印刷して取り組ませるという方法が一般的ですが、学年全体の取り組みとしてプリント作成を分担できる場合ならばともかく、学級担任一人だけで一年間プリントを作り続けることは至難の業です。多くの場合、長続きしません。そこで、月曜日から木曜日まで毎朝漢字五問ずつ、担任が口頭で言った漢字の書き取りをし、金曜日に二十問分のテストをする、月から木まで毎朝数学の問題を一問ずつ取りませて答え合わせをし、金曜日にその週の問題のテストするといったやり方が長続きします。とにかく、一年間やり続けることが大切です。

担任がこうした取り組みをすると宣言し、継続することは、生徒たちに担任の本気さをアピールすることができます。実はそのアピール機能こそが生徒たちの成績を上昇させるのです。

学力の向上
10の原則

8

# 放課後の補習を行う

学力不足の生徒たちを集めて、専門教科でない教科について補習を行うという取り組みもよく行われます。教科担任が補習を行っているという場合でも、学級担任も別の機会に行うとさらに効果が期待できます。学級担任は教科担任よりも、生徒に応じたより個別的な対応が可能になるからです。

担任による補習のポイントは、たった一点です。それは、学校の副教材をコピーして、何度も何度も取り組ませる、ということです。ただひたすら繰り返し繰り返しやらせる。間違ったところをちょこちょこっと解説してあげる。もう一度、取り組ませる。ただそれだけです。しかし、効果が出るまで続ける必要があります。

効果が出るというのは、成績が上がるというところまでを意味するわけではありません。生徒が「なるほど、このくらいやれば勉強ってできるようになるのか……」と思うようになることが効果です。つまり、繰り返し取り組めば成果が上がることを実感させることが目的なのです。

学力の向上
10の原則

9

# 勉強の仕方を教える

多くの生徒は定期テストに向けて、教科書を読む、ノートを見直すという勉強の仕方をしています。しかし、多くの場合、効果の上がる勉強法は問題に取り組むことです。ワークや問題集に繰り返し取り組むよう助言し続けるとよいでしょう。家庭学習習慣の身についていない生徒たちには、問題集をコピーして渡し、それを家庭学習帳に取り組ませて、毎日提出させるのが最も効果的です。三ヶ月程度で効果が出てきます。

最近の生徒たちには、一度やっただけで理解したと満足し、繰り返し取り組む習慣をもたない傾向があるようです。従って、本人は勉強したつもりになっているのですが、なかなか定着しないという特徴があります。これを打開するためには、なんといっても「繰り返すことによって定着した」という経験を与え、その効果を実感的に理解するのが一番です。

こうした実感を基盤にして、あとは学級担任が生徒個々の特性に合致した勉強の仕方を助言していく、という流れになります。

学力の向上
10の原則

# 10 保護者との情報交換を密にする

基礎学力不足の生徒については、家庭での時間の使い方、勉強の仕方について、保護者との情報交換を密にすることが必要です。家庭での学習習慣を少しでも身につけるよう、保護者にも意識してもらうことが重要になります。こうした連絡を密にすることによって、六割程度の生徒たちは、程度の差はあるものの、家庭学習を意識するように改善されていきます。

しかし、昨今は、放任主義の保護者や学習に価値を置いていない保護者など、私たち教師から見ると不適切と思われる対応しかしない保護者が増えてきています。こうした場合には、どうしても学校側で対応しなければならなくなります。だからこそ、家庭学習帳や補習授業なのです。

学校は、保護者が「勉強なんて必要ない」と言ったから勉強させなくてもいい、という対応はできません。学校はあくまで、社会生活を送れるような、つまりは将来自立できるような学力と人格の形成に寄与するための機関です。「あの親にしてこの子あり」などと、学校まで放任主義になることは、私たちには許されないのです。基本的にはこうした心構えをもつ必要があります。

# 家庭訪問10の原則

保護者への対応が難しくなったと言われます。テレビ報道でモンスターペアレンツなどという言葉を聞くようになりました。ベテランの先生が「あの保護者じゃなあ……」などというのを聞いたこともあるかもしれません。そんな現在の学校現場において、若い先生が必要以上に保護者に対して構えてしまう、なんとなく保護者対応に苦手意識をもってしまう、そういう例が増えているようです。

しかし、教師が必要以上に保護者に対して構えてしまうのは、決して良いことではありません。保護者のクレームが増えたとはよく聞きますが、保護者は決してクレームをいうために存在するわけではありません。やむにやまれぬ事情があったり、あまりにも教師の対応が許せなくて堪忍袋の緒が切れたとき、心ならずも学校にクレームをつける保護者になってしまうのです。最初からクレームをつけたいと思っている保護者など、

10 rules

①明確な目的をもって訪問する
②細かな情報を用意する
③予定時間どおりに訪問する
④本人をまじえて話す
⑤できるだけ褒める
⑥できるだけ具体的に話す
⑦メモは訪問後にとる
⑧プライバシーを口外しない
⑨他人を批判しない
⑩接待を受けない

皆無といって間違いないでしょう。

　保護者だって人間です。子育てにいろいろな悩みを抱いています。もしも担任の先生が信頼できるのなら、本当はいろいろ相談したいのです。そんな保護者に対して教師が、クレームを怖れるあまりになんとなくよそよそしい雰囲気で接しているとしたら、それは「百害あって一利なし」です。

　保護者対応のコツをひと言でいうなら、それは「妙に構えることなく、それでいて誠実に……」ということになるでしょうか。とはいっても、「言うは易く行うは難し」です。ここでは家庭訪問を例に、具体的に保護者に対してとってはいけない行動、気をつけなければならない心構えについて、具体的に考えてみます。

　いわば「家庭訪問で失敗しないための10箇条」といったところでしょうか。

家庭訪問10の原則

## 1 明確な目的をもって訪問する

年度当初の定例の家庭訪問にしても、生徒指導上の臨時の家庭訪問にしても、目的のない家庭訪問というものはありません。目的のはっきりしない家庭訪問は、多くの場合、何も成果を上げられません。それどころか、保護者から見れば「いったい何が言いたかったんだろう」と、不信感を招くことさえありえます。事前に、目的をしっかりと確認して臨む必要があります。

家庭訪問の目的には、大まかに分けて次のようなものがあります。①〜③が定例の家庭訪問、④⑤が臨時の家庭訪問です。目的を明確にして訪問するようにしましょう。

① 家庭環境を把握する。
② 生徒の性行・健康状態を確認する。
③ 担任と保護者の顔つなぎの場として人間関係をつくる。
④ 指導事案の経緯と学校側の方針を説明し、理解を得る。
⑤ 今後の対応の仕方の話し合い、方向性を決定する。

家庭訪問
10の原則

2

# 細かな情報を用意する

保護者にとって担任教師は、「我が子がお世話になっている担任の先生」というだけでなく、「学校を代表して自分たちとかかわる人」という捉えももっています。若い先生にはこのあたりの意識がない、或いは薄い人が多々見られます。つまり、保護者からの質問に対しては、答えられることが前提になるのです。これができないと、頼りない人という印象を与えます。

一年間の行事の見通し、高校入試の情報、学校の基本姿勢といったことは、訊かれたときにすぐに答えられなくてはなりません。その意味で、日常的にこうしたことを頭に入れておくことが必要です。先輩教師との日常的な会話の中で少しでもこういうことを話題にして、情報を収集しておくことが大切になるわけです。

とは言っても、保護者に自分ではわからないことを尋ねられる場合も少なくないものです。こうした場合には、即答を避け、「学校に戻ってからお電話いたします」とか「明日調べてお手紙をお子さんを通じてお渡しします」といった応え方をすると良いでしょう。

家庭訪問10の原則

# 3 予定時間どおりに訪問する

若い教師にはこれがなかなか難しいようです。話し好きの保護者に圧倒されて切り上げのタイミングがつかめない、それが幾つか重なるうちにどんどん時間が押してしまった。こんなことが多いようです。しかし、これは絶対にいけません。担任教師の信用問題にかかわります。家庭訪問は保護者がわざわざ時間を割いてくれているのです。できるだけ時間通りにまわらなくてはなりません。また、時間通りにまわれる日程を立てなくてはなりません。

保護者の中には仕事を早上がりして帰宅している人もいるかもしれません。そんなときに、教師が時間に大幅に遅れてきたとしたら、保護者はどう感じるでしょうか。例えば、十六時の訪問予定が十七時になったとしましょう。十七時なら保護者は仕事を途中で切り上げる必要などなかったかもしれないのです。私たちはもしかしたら、この一時間の遅れによって、保護者のパート収入八百円を奪っているかもしれないのです。時代は不景気です。こうしたことまで考えて仕事をしなければなりません。

家庭訪問
10の原則

4

# 本人をまじえて話す

これは家庭訪問の目的によって変わることなので、必ずしも本人がいた方が良いといえるものではありません。しかし、年度初めの家庭訪問であれば、親子の会話の様子から親子関係をはかることもできますし、また、教師と生徒との話し方、かかわり方を保護者に見せることもできます。原則として、本人も同席したほうが良いと考えましょう。

家庭訪問において、本人と保護者が並んで座っている雰囲気を見ると、思いの外いろんなことがわかるものです。生徒・保護者に笑顔がない場合には要注意です。親子関係がうまくいっていないか、担任に対して不信感を抱いている可能性があります。担任がいるからと、ここぞとばかりに「この子はこうなんですよ、先生」と子どもの日常生活の至らない点を指摘する保護者も要注意です。ふだんは保護者が子どもに影響力をもっていない場合があります。また、子どもにほとんど何もしゃべらせず、自分ばかり話し続ける保護者も要注意です。家庭でも子どもに何もさせずに世話を焼きすぎる、過保護な保護者であると見てまず間違いありません。

家庭訪問10の原則

5

# できるだけ褒める

年度当初の家庭訪問から、注意や説諭が中心では保護者も警戒してしまいます。短い期間で生徒の良いところを見つけ、それを伝えてあげることを忘れてはいけません。

そのためには、日常的に「褒めるところはないか」「褒める場面はないか」という意識で生徒たちを観察することが大切です。学級についているときには生徒たちとできるだけコミュニケーションを図り、少しでも生徒たちを観察することが大切になります。朝学活は連絡だけ、給食時間は食べるだけ、帰り学活は連絡事項の確認と明日の予定を伝えるだけ、こういう教室が中学校には多すぎるように感じています。

自分の学級の生徒たちが朝読書でどんな本を読んでいるのか、給食では何をおかわりし何を残すのか、朝学活と帰り学活では生徒たちの表情はどう変わるのか、そんなことを意識しながら観察し続けることが大切です。帰り学活の時間が余ったら、生徒と談笑したり、担任が日常的に感じていることを伝えるチャンスと捉えて、この隙間時間を有益に使いましょう。

家庭訪問
10の原則

6

# できるだけ具体的に話す

生徒を「いい子ですね」「積極性がありますね」と抽象的に褒めるだけではいけません。具体的なエピソードを交えながら、保護者の目に浮かぶように描写的に語ることが大切です。

日常的に生徒を観察する上で一つだけ心構えをもつとすれば、生徒を「いい子／悪い子」「素直な子／いじわるな子」「元気な子／おとなしい子」といった抽象的なカテゴリーで把握するのではなく、「○○のときに○○をした」とか、「△△のときに△△といった発言をした」とか、「××のときに××の表情をした」とか、生徒の特性をエピソードで把握する癖をつけることです。この構えをもつだけで、生徒の実態把握は劇的に変わります。

最初は簡単なメモをとっておくと良いでしょう。ノートに一人一頁ずつのメモ欄をつくって気づいたときに書き込んでいくとか、エクセルに名簿をつくって顕著な出来事を記入していくとか方法は様々ですがあまり時間をかけずにできる範囲で取り組むことがコツです。通知表所見や教育相談、進路相談にも役立つ、有効なツールになります。

家庭訪問
10の原則

7

# メモは訪問後にとる

家庭訪問に限らず、一般的に、話をしている目の前でこと細かくメモを取られるのは、あまりいい気がしないものです。聞いた話をメモするというスタンスではなく、あくまでも「対話」をするつもりで訪問すべきでしょう。原則として、必要なメモは辞してからするのが礼儀に適っています。

ただし、何か大切な数字やデータについてはその限りではありません。また、健康に関わること、特に生徒の持病やかかりつけの医者、関係機関名などは連絡先も含めてしっかりとメモする必要があります。

要は、保護者から見て「メモする必要があると思えるか否か」が大切なのです。教師はどうしても学校の論理、職員室の論理の動きがちです。学校として、或いは社会に子どもの教育を任されている機関としてのものを見る目は確かに大切ですが、学校がサービス業として認知される世の中になってきているという傾向にも、しっかりと配慮しながら行動する必要があります。

家庭訪問
10の原則

8

# プライバシーを口外しない

家庭訪問で各家庭を何軒もまわっていると、先ほど訪問した家で出た話題と同じ話題が出ることが多々あります。こんなとき、つい気がゆるんで、「○○さんでも同じことがあったそうですよ」などとやりがちです。しかし、これは厳禁です。

教師が保護者のネットワークをすべてつかんでいるなどということはあり得ません。意外なところで意外な人から本人の耳に入り、トラブルになるということが多く見られます。

確かに、この家庭訪問での一言だけで大きなトラブルになるということは滅多にあり得ないかもしれません。しかし、年度当初のちょっとしたボタンの掛け違いによるちょっとした不信感から出発したことが、後に何かあったときに決定的な人間関係の断絶に陥ってしまうということがよくあります。ほとんどの保護者とのトラブルは、その保護者と最初に出会ったときに発祥している、といっても過言ではありません。逆に、いい出会いをすれば、一年間、良い関係をつくることができるのです。

家庭訪問
10の原則

9

# 他人を批判しない

家庭訪問に行くと、保護者が子どもの友達の悪口を言ったり、ある教師を中傷したりするのを聞く場合があります。生徒に対する批判はもちろん、相手が仲の悪い同僚であっても、いっしょになって非難するのは厳禁です。「あの先生はあの子の悪口を言っていたよ」「あの先生とあの先生は仲が悪いみたいだよ」といった噂が必ず漏れると心得るべきです。

学校はいま、一般的にサービス業として認知されています。学校とは生徒たちに教育サービスを提供する機関だ、というわけです。こうした見方が広まるにつれて、我々教師にはかなり細かな配慮が必要とされるようになりました。しかし、と同時に、やはり教師は子どもを教育する者としての地位を得ている、その発言が大きく影響力をもつような立場にあるのだということを常に意識しておく必要があります。このアンビバレントな存在こそが教師なのです。

いかなる場においても、学校の論理ばかりをかざして主張したり、だれかを批判したりといった、自分の感情を先行させるような発言は自制しなければなりません。

家庭訪問
10の原則

10

# 接待を受けない

若く独身の男の先生には、保護者もお菓子や飲み物だけでなく、夕食やビールを振る舞おうとする場合があります。しかし、これを受けることは絶対にいけません。あの先生は○○さんの家で酒を飲んだということが、次の日の朝には学年中が知っている、ということになります。また、ある家で接待を受け、ある家では受けないという差をつけることにもなります。

こうした噂は、その学校に勤務している間中、ずっと続きます。あの先生とあの家庭は仲がいい、という噂です。もしもその家庭と仲の悪い家庭があったとしたら、その噂をどう感じるでしょうか。また、数年後、その家庭のお子さんを担任したとしたら、どういった悪影響が想定されるでしょうか。考えてみればわかるはずです。

私たち教師にとって、勤務校は数年間勤めるだけの職場に過ぎません。しかし、生徒や保護者にとって、そこは生活の場であり、生涯そこに住み続ける「地元」なのです。教師はこうした意識をしっかりともつことが大切なのです。

# 通知表所見10の原則

通知表は多くの場合、単なる「記号の集積」になっています。例えば、いうまでもないことですが、教科の評定は「5・4・3・2・1」の五段階の数字であらわされます。各観点項目評価も「A・B・C」であらわされることが多いでしょう。また、行動の記録も多くの場合、生徒指導要録の観点に対応した十項目について、「A・B・C」や「○・△」が付けられるだけです。特別活動の記録や出欠の記録でさえ、そこには委員会名や部活動名、欠席日数や出席日数が書かれているだけです。いずれも、「冷たい記号」がただ整然と並んでいるだけです。こうした「冷たい記号」たちは、その生徒の特殊な事情や努力の有無をまったくあらわしてはくれません。

こうした「冷たい記号」の集積である通知表の中に、一つだけ〈記号でない評価〉になり得る箇所があります。いうまでもなく、それが毎学期私たちの頭を悩ま

10 rules

①記録として残ることを意識する
②一年間の見通しをもつ
③所見でしか書けないことを書く
④担任の目に自信をもつ
⑤すべての生徒に平等に書く
⑥あくまで本当のことを書く
⑦「エピソード＋評価言」を基本とする
⑧褒め言葉に徹する
⑨「課題」ではなく「期待」を書く
⑩事前に生徒の「自己評価」をとる

せる「所見欄」です。

　文章を書くことに苦手意識をもっている教師の多くは、文章というものが何かカッコいいことを書かなくてはならないものである、という強迫観念に近いものをもっているようです。大袈裟にいえば、生徒や保護者の人生観を刺激するような哲学的な内容を書くのが良い、というような思いです。学級便りや学年便りに書かれている先生方の文章を読んでいると、なんとなくそういう匂いがします。例えば、文章の中に必ず諺を挿入してみたり、無理に四字熟語を探してみたりといった事例がこれにあたります。実はこうした無意識の思い込みが、文章に用いることばを抽象的で窮屈なものにしているのです。まずはこうした思い込みを捨てるところから始めてみてはいかがでしょうか。

　ここでは、通知表所見を書く上での心構え、実際に書く上でのポイントを提示します。

通知表所見
10の原則

1

# 記録として残ることを意識する

いうまでもないことですが、通知表というものは一生残るものです。あなたの両親だって、あなたが小・中学校でもらった通知表をいまだに大切に保管しているのではないでしょうか。それだけでなく、ときには祖父母や親戚が集まって、子どもの成長を語り合うときの話の種にもされるものです。問題点を指摘してばかりの所見はもちろん、粗雑な言葉遣いや正しくない言葉遣いも避けなければならないというのは、こうした通知表の性質に起因しています。その証拠に、生徒指導要録の所見に際しては、同じように点検作業があったとしても通知表ほど厳しくない学校が多いはずです。

通知表所見を書くときには、辞書を傍らに置き、たった一つの誤字・脱字もないようにと意識しなければなりません。文章を書くのが苦手という人はしっかりと下書きをして、副担任の先生やベテランの先生の点検を受けた上で記述するのが良いでしょう。あなたの両親の顔を思い浮かべて、この通知表を自分がもらったら両親は喜ぶだろうか……と考えるようにしましょう。

通知表所見
10の原則

2

# 一年間の見通しをもつ

通知表所見を書くにあたっては、各学期に大筋でどのようなことを書くのかについて、明確に意識しておくことが大切です。一般的には、次のようになります。

一学期　長所の発見と肯定的評価
二学期　一学期からの成長点の評価
三学期　更なる成長への期待

二年間持ち上がりで担任する場合には、所見が前年度の同学期のものと似たようなものになってしまう場合があります。そんなとき、前年度の通知表コピーがあると、そのようなことが避けられます。私は毎年、通知表を全員分コピーして、実践記録の一つとしてファイリングすることにしています。何年かに一度、かつて担任した生徒を懐かしみながら、自分の所見の成長を実感するのも楽しいものです。クラス会などに招かれた場合、前日に卒業アルバムとともに通知表にも目を通していくと、クラス会の楽しさが二倍になります。みなさんにもお勧めします。

通知表所見
10の原則

3

# 所見でしか書けないことを書く

「国語を頑張りました」「生活委員として週番活動に責任感をもって取り組みました」など、評定欄や特別活動の記録、行動の記録を見ればわかることを、同じように繰り返すだけでは意味がありません。成績や特別活動の事実をただ書くのではなく、成果や活動の様子をかみくだいて、所見でしか書けないようなことに絞って書くべきでしょう。

例えば、ある通知表所見に「A子さんは心の優しい生徒です」という表現があったとします。このように考えてみましょう。私の勤務校の通知表には、行動の記録の中に「思いやりをもち、まわりと協力し合う」という項目があります。さて、この所見はこの項目に「○」がついているということと機能的に何が異なるでしょうか。この所見は確かに数字や○×のような〈記号〉ではありません。しかし、その実態は限りなく〈記号〉に近いのです。

「優しい」「思いやりがある」「リーダー性がある」「協調性がある」「しっかりしている」「よく努力している」などなど、教師は記号的な所見を書きがちなので気をつけましょう。

通知表所見
10の原則

4

# 担任の目に自信をもつ

生徒たちの学校生活について最もよく理解しているのは学級担任です。保護者でもなければ他の先生でもありません。どんなにベテランの先生でも、学級担任以上に生徒の学校生活を見ていることなどあり得ません。ときに部活で指導している先生が担任以上にその生徒のことを理解している、ということがありますが、それさえもあくまで部活動中の生徒の動きを熟知しているだけであって、その捉えは一面的です。学級担任は、自分の目にもっと自信をもって所見を書くべきでしょう。

ただし、いくら担任の目に自信をもつといっても、それが自分の主観的感情から捉えているのではいけません。学校生活の中で確かにその生徒が行ったこと、体験したこと、要するに学校生活における「事実」の積み重ねからいえることを所見に書く、そうした構えが学級担任には必要です。その意味で、他の先生の意見や部活動の顧問の先生の見方など、参考になる情報はどんどん集めるべきです。

通知表所見
10の原則

5

# すべての生徒に平等に書く

生徒たちの中には所見を書きやすい生徒と書きにくい生徒がいます。どちらかというと、目立たない生徒の所見は書きにくいものです。それが無意識のうちに「所見の分量の差」や「所見のパターン化」に繋がっていきがちです。

しかし、最近の生徒たちは昔と違い、互いに通知表を見せ合うことが多いようです。そんな中で、自分の所見が隣の子よりも少ないとか、自分の所見があの子の所見と同じだったとかいうことがあると、教師は信頼を失いかねません。当の生徒もがっかりしてしまいます。分量に差をつけたり、パターン化に陥ったりということは、絶対に避けなければなりません。

私にはその昔、隣の学級の担任の先生がたった三つのパターンで生徒たち三十八人に所見を書いているのを見た経験があります。教務部の一員としてその通知表を点検した私は、その先生の「人間性の粗雑さ」を見た思いがしました。表現に誤りがあったわけではないので、そのまま点検を通しはしましたが、私がその後その先生を信用することはありませんでした。

通知表所見
10の原則

6

# 褒め言葉に徹する

例えば、ある先生の所見に次のようなものがありました。

【例】朝、遅刻することが何回かありました。生活のリズムが夜型になっていませんか。校内での生活態度は良いのですから、来学期はこの点を努力目標にして欲しいと考えています。

これを見た保護者はどう感じるでしょうか。あなたが中学生だったとき、自分がこんなふうに所見に書かれたとして、あなたの両親は何と言うでしょうか。

確かに、この所見には、批判にならないように工夫しようとする意識がうかがえます。しかし、このような内容はわざわざ所見に書くべきことなのでしょうか。日常の学校生活の中で指導すれば済むことなのではないでしょうか。こうしたことを所見に書くということは、実は日常の指導がしっかりとなされていないということをあらわしているのです。

通知表所見に書くべきことと、日常の指導で行うべきことことを明確に分けて意識することが大切です。そういった意味でも、所見では褒め言葉に徹することが大切なのです。

通知表所見
10の原則

7

# あくまで本当のことを書く

問題傾向生徒の所見にありがちなのですが、褒めるところがなくて、書くことに困って、その生徒が本当にはできていないことをさもできているように記述してしまった、ということはないでしょうか。

これは通知表をもらった生徒にとっては、事実に反する「お世辞」に見えてしまいます。通知表所見が褒めることを基本にするとはいっても、あくまでも「事実に基づいた褒め言葉」、つまりは本当のことを書かなければ意味がありません。問題傾向をもつ生徒であればこそ、どんな小さなことだとしても、事実をこそ褒めるべきなのです。例えば、ふだん問題を起こしがちな男子生徒が荷物を運んでいる女の子に手を貸してあげたとか、ふだんは我の強い女の子が合唱コンクールの練習だけは学級に迷惑をかけまいとわがままを封印したとか、そういう事例はよく見ているとあるものです。目立った活躍だけが褒める対象ではありません。生徒から見れば、そういう小さな事実を認めてもらえたことに喜びを抱く場合が多いものです。

通知表所見
10の原則

# 8

# 「エピソード＋評価言」を基本とする

所見欄の規模は学校によってまちまちです。まずは自分の勤務校の所見欄が何字程度の文章を書くことができるのか、これを調べる必要があります。所見に限らず、文章の内容はその〈規模〉によって決まります。その字数にあわせて二文で書くのか、三文で書くのかが決まります。

二文ならば、エピソードを一文、評価言を一文で構成すると良いでしょう。三文書けるのならば、これに学習所見を加えたり、エピソードをもう一つ付け加えたりということもできます。

【例①】体育大会のリレーで両手を掲げながらテープを切り、みんなと抱き合う姿が印象的な一学期でした。二学期からは学級をまとめるような働きを期待しています。

【例②】毎日、にこにこしながら教室の花に水をやる姿が、学級にしっとりした雰囲気をつくってくれました。来年度も続けてほしい習慣だな、と感じています。

こんな感じで構成すると、保護者の目に浮かぶような所見になります。基本はやはり「エピソード＋評価言」で構成することなのです。

通知表所見
10の原則

9

# 「課題」ではなく「期待」を書く

保護者は「～が来学期の課題です」と書かれるよりも、「来学期、～を期待しています」と書かれた方が、抵抗なく読むことができます。教師はこうしたちょっとした表現の違いに敏感になるべきでしょう。少なくとも、読む側に抵抗感を抱かせないだろうかという観点で言葉を選ぶことが大切になります。

人間はあくまでも〈情〉の生き物です。すべての教育活動の根幹を支えているのも〈情〉です。生徒・保護者の教師への信頼も、まずはともに共感することができるかどうかにかかっているといって過言ではありません。日常実践では多くの教師がそれを意識しているのに、なぜか文章になると、生徒・保護者の〈情〉に働きかけるのではなく、〈知〉に、つまりは脳味噌に働きかけようとすることが多いように感じられます。それがなんとなく、いわゆる「上から目線」の文章をつくってしまいがちになるのです。

通知表所見では「えらそうな文章は書かない！」と心がけるといいでしょう。

通知表所見
10の原則

10

# 事前に生徒の「自己評価」をとる

学級担任の目に自信をもって所見を書くとはいっても、担任の目が絶対に正しいとは限りません。特に担任による評価と生徒の自己評価とに大きな差がある場合には、生徒が不信感を抱くことさえあり得ます。そこで通知表所見を書く前に、生徒の自己評価をとっておくことをお勧めします。学期末は忙しい時期ではありますが、「自己評価」には忙しい中で書かせるだけの意義があるものです。

こうした自己評価は通知表所見と同じで、「５・４・３・２・１」や「Ａ・Ｂ・Ｃ」といった記号で書くものがあってもかまいませんが、必ず文章で記述する欄をつくると良いでしょう。特に生徒理解の意味も込めて、「あなたが今学期、頑張ったなと胸を張って言えることを三つ書きましょう。」とか、「あなたが今学期、新たに取り組み始めたということがあれば書いてください。また、それに取り組み始めたきっかけを教えてください。」などといった、学級担任が知らない情報が得られやすいものを用意するのが効果的です。

# 職員室の人間関係10の原則

いま、職員室はどれだけ「チーム」として機能できるかが問われる時代になりました。学級担任が学級を一人で抱え込むのではなく、それぞれの教師がそれぞれの役割を果しながらお互いにフォローし合い、教育効果を高めていこうという時代になりました。かつては学校や学年をぐいぐい引っ張っていくようなスーパー教師がどこの学校にもいたものですが、そうした教師が影を潜め、みんなの協働によって仕事を進めていく、そういう思想が従来に比べて大きく意識されるようになってきています。

このこと自体はとても良いことなのですが、実はその裏には、一人ひとりの責任が大きく問われるようになってきたという変化も見られます。一人ひとりの抱える仕事の量が増えました。しかも、それぞれの仕事は協働ゆえに他の人の仕事ともつながっていますから、仕事に穴を開けると他の先生に迷惑をかけてしまいま

10 rules

**①常にチームであることを意識する**
**②ともに成果を上げる**
**③キャラクターを捉える**
**④得手不得手を捉える**
**⑤教育観を捉える**
**⑥事情を捉える**
**⑦自分をメタ認知する**
**⑧自分の悪影響がないかを常に点検する**
**⑨苦手な人とこそ小さな成果を上げる**
**⑩馬鹿話をしていっしょに笑う**

す。職員室が「チーム」として機能するということにはそういう面もあるのです。

実はスーパー教師は、最近になって消えてしまったわけではないのです。従来であれば、スーパー教師がフォローしてくれていたような仕事も、もうスーパー教師自身が抱えられないほどの仕事を抱えているために、その余裕がなくなってきているのです。

こんな時代のなかで、抱えきれない仕事量を抱えて糸の切れてしまったベテランや、失敗をフォローしてもらえずに孤独感に陥った中堅・若手が心の病で休職してしまうという事例が多く見られるようになりました。また、そういう先生の抜けた穴を埋めるために更に仕事を抱えたスーパ教師の糸が切れてしまうという悪循環も深刻になりつつあります。

職員室の「共同性」を維持すること。それがいま、学校現場で喫緊の課題になってきています。

職員室の人間関係
10の原則

# 1
# 常にチームであることを意識する

教師が日々の仕事のなかで意外と忘れがちになるのが、「職員室は組織である」ということです。職員室も組織なら、学年団も組織です。問題傾向をもつ生徒がいる、不登校傾向をもつ生徒がいる、すべて担任のみが責任をもち担任だけが奔走すべきものではありません。うまくいっていない仕事があったとしても、担当者だけの責任ではありません。その職員室や学年団の組織に「チーム力」が欠けているのです。

こういう言い方をすると、困っているときに助けてもらうことばかりを想定する人がいます。しかし、職員室が組織であるということ、学年団がチームであるということは、自分もまた他の先生が困っているときにはともに動かなければならない、ということを意味しています。

私にも経験がありますが、職員室が組織的な動きをし、チームとして機能しているとき、学校の教育活動は芳醇な実を結ぶものです。各学級でも安定した人間関係が築かれます。身近な先生方の仲の良さを見ながら生徒たちが過ごすわけですから、当然といえば当然なのです。

職員室の人間関係
10の原則

## 2

# ともに成果を上げる

職員室や学年団は、仲が良いから良い仕事ができるのではありません。あくまで、良い仕事をし成果が上がっているということが前提になります。良い仕事をし、そうした成果を上げている組織に自分も貢献しているのだという思いが、先生方を仲良くさせるのです。この考え方の順番を間違ってはいけません。「うちの学年は仲が悪いからね」というのは禁句です。仕事が充実していないから、今ひとつ一体感がないのです。この構造は学級と同じです。

職員室や学年団をチームとして機能させたいならば、やるべきことはたった一つです。みんなでいっしょに「仕事上の成果」を上げようと取り組むことです。そんなふうに取り組んでいるうちに、気がついてみると「チーム力」を発揮できるようになり、いつの間にか互いに信頼関係が築かれている、仕事仲間とはそういうものです。

一般に「戦友」は固い絆で結ばれるといいますが、私は職場の仲間たちを比喩的に「践友」と呼んでいます。

職員室の人間関係10の原則

3

# キャラクターを捉える

教師のキャラクターは概ね三つに分けて考えるとわかりやすいでしょう。即ち「父性型」「母性型」「友人型」です。「父性型」とは、生徒たちに悪いことは悪いと注意し、生徒たちの壁になるキャラクターで、ベテランの男性教員に多いタイプです。「母性型」とは生徒たちを優しく包み込むキャラクターで、中堅・ベテランの女性教員や一部の男性教員にもいます。「友人型」とは生徒たちとともに遊び、楽しんだり悩んだりしながら人間関係を築いていくキャラクターで、若い教師の多くはこのタイプに属します。

大切なのは、「チーム」にはこれらのキャラクターのどれもが必要なのだということです。よく生徒指導ばりばりの父性型教師が「あの先生は生徒指導ができない」と母性型教師を批判したり、母性型教師が「あの先生は厳しすぎる」と父性型教師を批判したりするのを聞きますが、これはいけません。いろんなキャラクターの教師が生徒たちに複雑に影響を与え合って、学年運営・学校運営は成り立っているのです。

職員室の人間関係
10の原則

4

# 得手不得手を捉える

職員室には生徒指導を得意とする教師もいれば、事務仕事を得意とする教師もいます。部活が好きな教師もいれば、授業研究が好きな教師もいます。こうした得手不得手や向き不向きは、職員室の人間関係に微妙に影響を与えるものです。しかし、ここでよく考えてみましょう。学校には生徒指導も事務仕事も部活も授業研究も、これらのどれもが必要なのではないでしょうか。

「あいつは生徒指導ができない」「あいつはおたく的に研究ばかりしている」「○○先生は生徒たちに厳しすぎる」「まったく○○先生は部活ばかりやって……」など、職員室では残念なことにこういう陰口を聞くことがあります。しかし、このように否定的に見ていてはいつまでたっても「チーム力」の発揮は望めません。こうした得手・不得手や向き・不向きがあることを認め合い、お互いにフォローし合おうという意識をもつことが大切です。自分が生徒指導が得意なら生徒指導を不得手としている先生を生徒指導でフォローする、事務仕事が得意なら事務仕事でフォローする、お互いにそういう意識をもちたいものです。

5

# 教育観を捉える

教師も人間ですから、どうしても自分の好きなこと、得意なことを中心にして教育観を抱く傾向にあります。それを調整しながらチームで動く、これが理想の職員室や学年団です。

教師には大きく分けて二つの教育観をもつ教師に分かれます。一つは学校教育が「人間教育」の場だと考えるタイプであり、もう一つは学校教育が「学力形成」の場だと考えるタイプです。もちろんこれらが真っ二つに分かれるわけではありませんが、どちらかといえば前者タイプ、どちらかといえば後者タイプに分かれるものなのです。

一般に、「人間教育」タイプは生徒指導が教育の根幹であると考え、学級経営や行事指導、部活動指導が大好きです。「学力形成」タイプは授業の在り方や教育課程の編制について常日頃から考えていて、総合や道徳などでも中心的な役割を果たしています。もちろん目指すべきところはこの両方の力量を備えることです。双方が互いに認め合い、協力しながら、常に調整しながら仕事を進めていくことが必要になります。

職員室の人間関係
10の原則

6

# 事情を捉える

家族に持病をもつ人がいる、介護を要する家族がいる、そんな同僚が必ず職員室にはいるものです。若いうちはそういうことの大変さがわからないことが多いのですが、これは教師としてなどではなく、人として理解できるようになりましょう。勤務時間が終わると同時にそそくさと帰って行く、欠勤が多い、事情があってそういう仕事の仕方しかできない人も、好んでそういう状況にあるわけではありません。その状況にあぐらをかいているわけでもありません。できることなら、自分の能力を時間に関係なく発揮したいと思っているのです。

最近は家族の問題だけでなく、ご本人が様々な事情から精神的に辛い立場に追い込まれているという場合も増えています。こういう先生を批判・非難するのも厳禁です。そういう先生方だって、できればばりばり仕事をしたいと考えているのです。いいえ、むしろその思いが強かったが故にそういう状況に追い込まれている、ということが多いのです。こういう先生には以前に大きな業績をあげている人も少なくありません。いまは回復を待ってあげる時期なのです。

職員室の人間関係
10の原則

7

# 自分をメタ認知する

同僚の先生に対して批判的な気持ちが生まれたとき、そういう気持ちを抱いている自分を自覚したとき、「さて、自分は偉そうなことを言える教師なのか」と自分の普段の行いを省みてみましょう。きっと何かが見えてくるはずです。

人間は自分の視点、自分の観点、自分の世界観のみによって他人を評価しがちです。それどころか、自分を棚に上げて他人の悪い点ばかりが目についてしまいます。それは人間の業であり性《さが》ともいえ、ある程度は仕方のないことともいえます。

しかし、それが職場の人間関係に悪影響を与えているとしたら、「仕方がない」では済まされません。そうならないように、自分自身が教師としてどうなのか、自分の日常的な行動は偉そうなことを言えるほど適格なのかと、自らを省み続けることが大切なのです。これまで述べてきたように、「自分のキャラクターは?」「自分の得手・不得手は?」「自分の教育観は?」と常に意識するようにしましょう。きっと他人に対しても優しくなれるはずです。

職員室の人間関係
10の原則

8

# 自分の悪影響がないかを常に点検する

読者の皆さんは職場で同僚の悪口を言ったり、陰口を叩いたりしていないでしょうか。或いは「この学年にはわがままなあの人がいるからうまくいかないんだ」なんてことを思ってはいないでしょうか。もしもそういうことがあるとすれば、あなたのその気持ちは必ず相手にも伝わっていて、それが人間関係をぎくしゃくさせているという面があるかもしれません。こういう観点で一度、自分のネガティヴな発言が、職員室や学年団にマイナスになっていないか、冷静に考えてみることも必要です。ネガティヴな感情というものは、必ずといっていいほど相手にも伝わってしまうものです。それは教師の姿勢がなんとなく雰囲気によって、空気として学級の生徒たちに伝わるのと同じです。

その他にも、妙に保守的になり、せっかくやる気になって会議で新たな提案が出てきたのに、よく考えもせずにつぶしてはいないか。なんとなく仕事を頼みづらい雰囲気を醸し出してはいないか。よく考えてみると、自分が周りに与えている悪影響というのもあるものなのです。

職員室の人間関係
10の原則

9

# 苦手な人とこそ小さな成果を上げる

これまで職員室や学年団をチームとして捉え、同僚の先生方と協働体制で仕事を進めていくことの重要性を指摘してきました。しかしそうは言っても、私たちも人間ですから、同僚のなかにはどうしてもウマの合わない人、どうしても好きになれない人、どうしても苦手な人がいるものです。こういう場合、私たちはどうしてもその人を避けがちになります。

前に述べたように、人は仲が良いから良い仕事ができるのではありません。あくまで、良い仕事をし、そうした成果を上げている組織に自分も貢献しているのだという思いが、先生方を仲良くさせるのです。その意味では、どうしても好きになれない人、苦手な人とチームをつくっていくには、いっしょに成果を上げてみるというのが近道です。

道徳の指導案を一枚、いっしょに作ってみる、学年行事の担当をいっしょにやってみる、そんな小さなことで構いません。ただ大切なことは、成果を上げようと頑張ってみることです。きっとその同僚の意外な良い面が見えてくるはずです。

職員室の人間関係
10の原則

10

# 馬鹿話をしていっしょに笑う

人はいっしょに笑った時間が長ければ長いほど、楽しい時間を共有すれば共有するほど、心が通じ合い、仲良くなれるものです。みなさんも学生時代の友人との関係を考えればわかるのではないでしょうか。チームをつくる、仲良くなるためには、職員室で馬鹿話をいっぱいして、いっしょに大笑いするというのも大切なことです。

周りの先生のちょっとしたボケ、ちょっとしたミスにツッコミを入れて大笑いする。先生方の間で、お互いに失敗談を披露し合って大笑いする。互いにいじりいじられながらコミュニケーションを図っていく。学生時代にはこんなことが自然とできていたはずです。なぜ、職員室の同僚とはそういう関係を築けないのでしょうか。それはどこか「仕事だから……」と構えすぎてしまっているからなのではないでしょうか。一日一回、周りの先生方といっしょに大笑いする機会をつくる。最初は努力が必要かもしれませんが、次第に自然にそれができるようになっていきます。

先生方が楽しそうな表情をしていることこそが、生徒たちに最も良い影響を与えるのです。

## あとがき

二〇〇五年のことですから、新卒から十五年目のことです。

私は札幌市の小さな学校の学年主任になりました。そこで三学級一〇二名の生徒たちを受け持って三年間を過ごしました。この三年間、私の学年には新卒教師が毎年配属されました。特に一年目は担任三人が三十代半ばから後半。副担任は大学出たての新卒が二人。こういう学年団でした。中学校教師ならわかると思いますが、四月、学年の仕事のすべてを担任三人でしなければならない状況に追い込まれたのです。新卒二人に何かをやってくれと頼んでも、一つひとつどうすればいいのかと尋ねられるに決まっています。年度当初、それに丁寧に応えている時間はありません。正直、これはかなわんなあ……と思いました。

しかし、年度当初をなんとか乗り切ると、このままではいけないと思えてきます。この二人を育てないことには仕事が立ちゆかない。当然のことです。私はこの二人を毎日観察しながら、どう育てるか、何を伝えればいいかということを考え続けました。

二年目にはこの二人のうちの一人が二組の担任となり、二年・三年といっしょに持ち上がっていきました。私はこの二年間も、彼がどんなことに失敗し、何に困っているのかを観察し続けました。それと同時にかなり厳しく指導もしました。生半可な新卒なら耐えられなかったかもしれません。しかし、その結果、彼は三年目にはもうそのへんの中堅よりも学年全体のことを考えて動ける教師になっていました。年度当初の学活計画とか、総合の校外学習の計画くらいなら、もう彼は三年目で大過なくやっていました。学級経営も安定し始め、次第に私が厳しく指導することもなくなっていきました。

本書はこの若者を筆頭に、この三年間に新卒教師四人に指導した内容をもとに構成しました。本書を上梓するにあたって、いまはもう一本立ちしたといって過言ではないこの四人の若者、高村克徳先生、齋藤大先生、佐藤恵輔先生、仙臺直子先生に感謝の意を伝えたいと思います。また、この学年を三年間、ともに運営し支えてくれた高橋美智子先生にも感謝申し上げます。この五人がいなければ、本書の基本コンセプト自体があり得ませんでした。

本書の内容にあたる原理・原則が固まるまでには様々な紆余曲折もありました。当然のことながらすべてが成功したわけではありません。その意味で、あの三年間に受け持った生徒たちにも感謝を申し上げたいと思います。

最後になりましたが、わがままな私と本書完成までお付き合いいただいた編集の戸田幸子さん、そして味のあるイラストで彩りを添えていただいたイクタケマコトさんに感謝申し上げます。

二〇一一年元日　自宅書斎にて　堀　裕嗣

堀　裕嗣（ほり・ひろつぐ／札幌市立北白石中学校教諭）

北海道教育大学札幌・岩見沢校修士課程・国語科教育専修修了。1991年札幌市中学校教員として採用。学生時代、森田茂之に師事し文学教育に傾倒。1991年、「実践研究水輪」入会。1992年、「研究集団ことのは」設立。

現在、「教師力BRUSH-UPセミナー」代表、「研究集団ことのは」代表、「実践研究水倫」研究担当を務める傍ら、日本文学協会、全国大学国語教育学会、日本言語技術教育学会などにも所属。

『全員参加を保障する授業技術』『学級経営力を高める』『絶対評価の通知表』（以上明治図書）『通知表所見文例集』（小学館）など著書・編著多数。

**学級経営10の原理・100の原則**
～困難な毎日を乗り切る110のメソッド～

2011年3月17日　初版発行

著　者　堀　裕嗣
発行者　安部英行
発行所　学事出版株式会社
〒101-0021 東京都千代田区外神田2-2-3
電話 03-3255-5471
http://www.gakuji.co.jp

編集担当　戸田幸子
装丁・イラスト　イクタケマコト
印刷・製本　研友社印刷株式会社

ISBN978-4-7619-1808-8 C3037